U0947745

活出精彩

一名NBA体育记者的非凡人生

[美] 克雷格·赛格
[美] 小克雷格·赛格
[美] 布莱恩·柯蒂斯
著

杜文

華中科技大學出版社
http://www.hustp.com
中国·武汉

谨以此书献给史黛西以及我的孩子们:

凯西、小克雷格、克丽斯塔、赖利和瑞安。

一直以来，你们都是我的后盾，

我也要全力抗癌，

做你们的后盾。

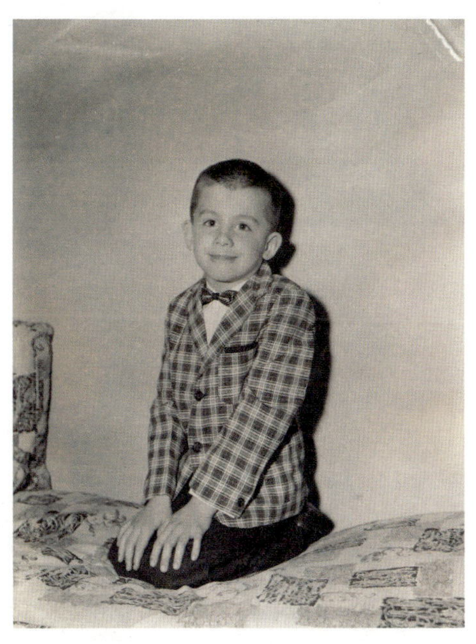

○ 1958 年，在巴达维亚的家中留影，年幼的克雷格已展露出自己的时尚品味。

○ 11 岁时，在当地的一场击球比赛中获胜后，克雷格在伊利诺伊州的橡树公园见到了小熊队的球员萨米·泰勒、弗兰克·托马斯，以及他的偶像厄尼·班克斯。

○ 7 岁的克雷格身穿怀亚特·厄普戏服，他坚持每天都以这身装扮上学。

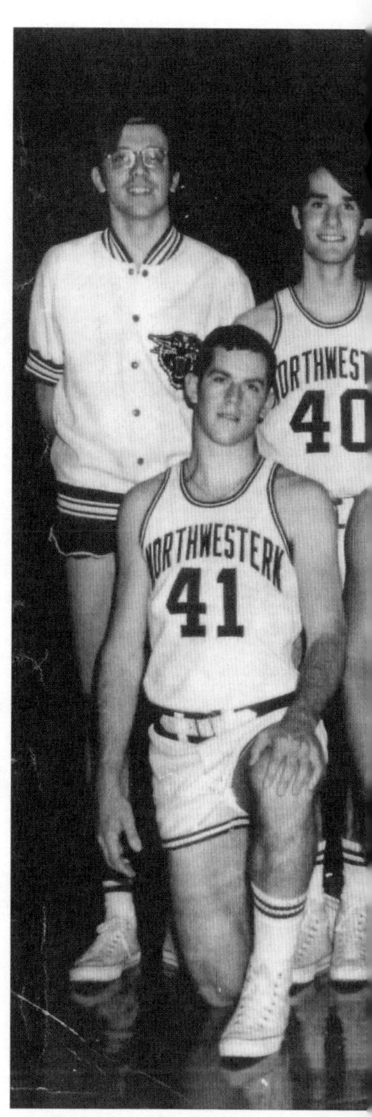

○ 1969 年秋天，在西北大学新生篮球队时合影，身穿 21 号球衣。

○ 1976 年，科拉尔和艾尔 · 赛格在参观 WINK 电视台时合影。

○ 1971 年春天，在西北大学读大学二年级时，和朋友及兄弟会弟兄里奇 · 拉什凯维茨玩耍。

○ 1972 年，西北大学橄榄球开赛前，野猫威利装扮的克雷格。

○ 20 世纪 70 年代中期，克雷格在迈尔斯堡的 WINK 电视台独当一面。

○ 1974 年，亚特兰大，汉克·阿伦完成历史性的本垒打后正要穿过本垒板，此时一袭白衣的克雷格迎了过去。（图片由托尼·特里洛 /《体育画报》提供）

○ 1974 年，身为萨拉索塔市的一名电台记者，克雷格加入了有关网球名人比莉 · 简 · 金的媒体之争。

○在 1976 年的春训中，克雷格与辛辛那提红人队的皮特·罗斯坐在一起。

○ 1991 年，他和未来的搭档，时年两岁的小克雷格主持《NBA 幕后故事》节目。（图片由特纳体育提供）

○ 1993 年，亚特兰大，与拳击界传奇人物穆罕默德 • 阿里及小克雷格合影。

○ 8 岁的瑞安和 NBA 全明星勒布朗 • 詹姆斯合影。

○纽约，克雷格和查尔斯・巴克利在第 27 届年度体育艾美奖颁奖礼上的合影。（图片由马克・布莱恩・布朗 / 格蒂体育摄影提供）

PartyCity

○在迈阿密采访 NBA 全明星球员德怀恩・韦德。（图片由特纳体育提供）

○小克雷格代替父亲采访圣安东尼奥马刺队主教练格雷格·波波维奇。（图片由特纳体育提供）

○ 2016 年，克雷格与纳文·彭马拉朱医生在休斯敦安德森癌症中心合影。（图片由 KHOU 电视台提供）

○ 2016 年 4 月，赛格全家福。
前排左起：瑞安、克雷格、史黛西和赖利。
后排左起：克丽斯塔、小克雷格和凯西。
（图片由癌症护理中心提供）

○ 2016 年 6 月 1 日，在瑞格利球场开球。（图片由芝加哥小熊队提供）

序

我走遍全世界，见过数以万计不同肤色、不同信仰以及不同国籍的人，其中有些是篮球球迷，有些不是。我曾经和总统、名人堂成员们平起平坐，与最伟大的球员并肩比赛，看着篮球新生代们成长。我以为自己的人生很圆满，然而与赛格的相识改变了我的想法。

他对篮球以及所有运动项目的热情无人可比。这家伙热衷于现身体育赛事。如果有人成为了自己母校的吉祥物，那肯定是因为他对体育充满了无限的热情。

那是 1999 年 12 月 9 日，当时我正在家里。在随同费城 76 人队打完 8 个赛季，又跟着菲尼克斯太阳队打完 4 个赛季之后，我回到了费城，此时的我是休斯敦火箭队的队员，打算在这里参加自己职业生涯的最后一场比赛。1984 年，我就是在这里从我所在的大学应召入队的。在赛季开始前我已经宣布，这将是我职业生涯的最后一个赛季，76 人队的管理层邀请了我母亲和祖母来现场观看我在费城的最后一场比赛，赛前球队举行了一个仪式，以肯定我身披费城战袍时的岁月。36 岁的我已难以再现昔日雄风，当时我效力于火箭队，在赛场上的贡献越来越小。

在第一节比赛后半段，当 76 人队的泰龙·希尔起身投篮时，体重 300 多磅的我奋力跃起，努力去防守投篮的他。我没能拦住球，而是重重地摔在了硬硬的地板上，导致左膝肌腱断裂。我的职业生涯恐怕要以这种忍着疼痛被搀扶下场的方式止步了。当我躺在移动担架上被推回更衣室时，一张熟悉的面孔出现在我身旁：克雷格·赛格。

我和赛格的首次相遇是在 20 世纪 80 年代初，当时我正在奥本大学打篮球，在一场主场与顶级球队内华达大学拉斯维加斯分校奔跑叛逆者队的比赛前，克雷格与一位 CNN 的员工走了过来。CNN，和克雷格一样，一直出现在全国性的场合中，不过，这也确实是一场全国性的比赛。回溯到几年前，当时我在 NBA 费城 76 人队效力。说实话，我已记不起他第一次赛后采访我时的情景，但是我可以告诉你我当时的感受：我成功了。众所周知，克雷格是 NBA 赛场上大名鼎鼎的人物，能被他采访便意味着你已经足够出类拔萃了。我记得，当年我在奥本大学首次接受迪克·维塔勒的采访时就是这种感觉。

因此我和克雷格的交集就始于费城的那个夜晚，在我身体疼得扭来扭去的时候他走近了我。当时特纳没有播报这场比赛，是克雷格在现场直播了我退场的情景。

“查尔斯，你还好吗？”

“你对自己受伤有什么想法？”

“你认为你的最后一场比赛就这样打完了吗？”

记者冷酷无情的一面首先在他身上显露出来。显然，对他的多数问题我都无法回答。我甚至无法张口说话，我太疼了。

不过，接下来他转告了我一件事。

“这是大卫·利维的电话号码，他是特纳广播公司的主管。他要给你一份工作。”

其实，当时大卫就在看这场比赛，他一看到我受伤下场，就打电话给克雷格，让克雷格转告我给他打电话。

对克雷格来说，那个时间转交电话号码有点不合时宜，不过也是命中注定，我的人生因此而改变了。那个赛季后，我一直与美国全国广播公司体育频道商讨加入其广播团队的事，不过我确实也给大卫·利维打了电话，至于后来发生的事就无需多言了。克雷格·赛格对我的人生影响至深。但是又过了15年，他才改变了我的人生。

在我们相识之后的岁月里，克雷格和我绝不只是同事关系，他更是我的挚友。他给我留下了许多令人终生难忘的回忆：1992年和1996年的奥运会；一次由耐克公司赞助的与其他NBA球星一起的日本之旅；一起去了他儿子小赛格的中学班级（那天他冒雨开着自己的克维特车去接我，为了能让我坐进去而不得不把车顶棚放下来）；还有来自他母亲的一次威胁。科拉尔和艾尔·赛格都住在亚特兰大地区特纳广播公司的演播室附近。有一天傍晚，赛格决定带我去他们家玩，席间话题转到了他那花花绿绿的衣橱，我说衣服的颜色还是简单些更好。对此他父亲也表示赞同。

“查尔斯·巴克利，你竟敢跑到我家来对我儿子的衣服说长道短！”科拉尔以威胁的口吻冲我说道。我搞不清楚，她这是真生气了还是开玩笑而已。

2003年，我们的好朋友兼同事厄尼·约翰逊被确诊患上霍奇金淋巴瘤，2006年他停职治疗。这真是晴天霹雳。我的亲朋挚友中还从来没有罹患癌症的。幸好，厄尼·约翰逊的病发现得较早，治疗效果不错。

2014 年 4 月，得知克雷格得了白血病，我感觉又是当头一棒。但是起初我并没有完全意识到他的病情有多么严重，我以为，他会像厄尼一样很快就回归播音工作。我还记得在得知他的诊断结果不久后，我去亚特兰大医院探视他时的情形。我全身从头到脚都包裹在防护服里，嘴上戴着口罩，以免将任何细微的细菌传染给克雷格。我不知道走进病房时会面对怎样的情形，因为你根本不知道病人对绝症会有什么样的反应。但是等我走进病房时，克雷格的状态让我振作了起来。他逗得我哈哈大笑，他的表现让我觉得他根本没生病。

他对待生活与工作的积极态度依然在，即使在过去的两年间他的抗癌斗争日渐艰难，克雷格却始终保持乐观的态度，从不怀疑自己会战胜不了癌症。他最想知道的是，要多快才能战胜癌症。

也许，你能给予一个人最受用的称赞就是告诉他，他让你成为了更好的人。这一点在克雷格•赛格身上得到了验证，是他激励、鞭策我成为更好的人。在抗癌路上，他曾经几次三番坠入深渊，尽管如此，他始终为人宽厚、勇敢无畏，谈吐幽默风趣，我从未听他抱怨过。他以我难以想象的方式改变了我。我自认为很坚强，但是我依然无法与强者赛格相媲美。探视了克雷格之后，我的抱怨少了。让我惊叹的是，虽然他身患绝症，但他却将每一天都视为自己生命中最美好的一天。

克雷格抗癌之路上的强大支柱是他的妻子史黛西。在两年多的时间里，她不但尽心尽力地守护着赛格，而且将两个孩子养育得非常出色，对此我钦佩不已。对于遭遇不幸的人而言，有效的支持至关重要，克雷格从史黛西、赖利、瑞安、凯西、小克雷格，以及克丽斯塔身上得到了最好的支持。他的战斗就是他家人的战斗。与癌症抗争绝非易事，对公众人物来说可能更难。“克雷格怎么样了？”“克雷格的近况怎么样？今天我看到网上消息说他又住院了，真难过。”“克雷格什么时候才能回来？”在杂货店、学校的接待处、网球比赛场、购物中心，甚至走在医院的走廊上，出于善意的亲戚、朋友以及素不相识的人们都在询问。

我的人生得到了很多眷顾——家庭、名誉、财富以及随心所欲、无拘无束的处事能力。物质的东西有失有得，但是真正的友情相伴永远。我希望自己能和克雷格一同老去，他的人生经历一直以来让我深受鼓舞，祝愿他的故事也同样能鼓舞大家。

查尔斯 • 巴克利

2016 年 8 月

目 录

Contents

第三部：转战休斯敦

后记

致谢

活出精彩

一名NBA体育记者的非凡人生

引子

患癌让我因祸得福。

这句话听上去不免有些奇怪，不过，事实上，要把自己的抗癌经历诉诸文字并非难事，因为所书所写均为事实，至少对我而言确实如此。自从 2014 年 4 月被确诊患上白血病以来，我对人生的态度与疾病对我的影响是成正比的。因为患癌，我能够以之前从未设想过的方式与人交往；因为患癌，我和全国各地正在与疾病抗争的素不相识的人成为了朋友。我感受着每一缕温暖的阳光、每一股轻柔的海风，品味着每一口布法罗香炸虾球，体验着与我的爱妻及孩子们共度的每一个瞬间。癌症让我对毕生挚爱的工作愈发充满强烈的热情，让我更加渴望继续坚守自己的工作。

最重要的是，患癌让我比以往任何时候都更加意志坚定。我要绝地反击，我要战胜白血病，我一定要让它不再阻止我活出自己的人生。由于我在体育台的工作，当然，还有我身上花哨别致的外套，我向来是一个公众人物。两年前被确诊后，我便打定主意，不会去躲避癌症，或者对他人隐瞒我的病情。数十年来，我的生活都过得有声有色，如今也要一如既往。

我的外表充满阳光，我的穿着式样别致、色彩鲜亮，同样地，从下面的文字中你会看到，我始终积极乐观、勇敢无畏。你可不要误会，这场斗争并不是那么容易，我曾经也经历了一些非常艰难的日子，没人乐意听我抱怨，看到我奇差无比的状态。因此，我要做到，有他人在场时，一定要使出浑身解数保持积极的态度。

当初次产生写一本书的念头时，我曾心存顾虑，因为尽管我的经历近似于体育界的阿甘，可是我从未打算成名。事实上，我一直很满意自己目前的状态，因为我可以保持自我，无需掩饰。我认为，传记都是为英雄人物和名人而立。但是在大街上有素不相识的人走近我向我索要照片，病人们在休斯敦 MD 安德森癌症中心的走廊上向我寻求建议，每天都有一份份亲笔信塞满了我的信箱，此情此景让我意识到，如果说出我的故事，能够帮助到哪怕区区几位想在这场我们称之为癌症的不公平交易中寻求某种意义的人，此举也是值得的。尽管我志在赢取这场战斗，但是我并不知道未来等待我的会是什么，我只是希望人们知道，即使他们在我过世之后读这本书也能明白，我从未放弃过，他们亦当如此。

接下来，你们将看到的是我的人生之旅以及过去两年抗癌之路上的一个个瞬间，最重要的是，其中充满了因探寻自己的人生方向而激发的种种思考。我没有找到答案，也没有找到战胜癌症的良方，或者说，我没有找到如何度过自己人生的良方，我所能做的只是分享我的故事。

我常常想起那部有名的电影《洋基的骄傲》，这部片子一直激励着我。片中最后一幕，加里·库珀发表了那场著名的告别演说，每次看我都能从中获得感悟。

人们总说我是积劳成疾，但是现在……现在，我认为我是世界上最幸运的人。

我和影片中的主角卢有共同之处。我们本以为晚期癌症的诊断可能会摧毁我们的斗志，结果却恰恰相反，这诊断使我们梦寐以求的人生获得了最大的升华。

在MD安德森癌症中心的正门外，坐落着一座供家属和患者使用的无教派教堂，教堂前面树立着一座美丽的雕塑，上面刻着几行维克多·雨果的诗句：

要像那鸟儿一般
在飞翔途中
落足于细细的枝干上
察觉到身下的枝干摇摇欲坠
却依然鸣唱着
因为它知道自己拥有翅膀

我就是那只鸟儿，我要一直鸣唱，直至无法再唱——而后我将唱得更欢。

第一部：我人生的种种

“咱们来打两场吧”

我感到前所未有的紧张。我曾经数次跳伞，在大海里和鲨鱼一起游过，爬过中国的长城，在潘普洛纳和公牛赛跑过，还被逮捕过几次——最近却被告知，我的生命只剩下几个月。然而当我站在球员席上等待出场时，我真切地感受到自己的心脏在纯白色亚麻套装下的蓝色衬衫里跳动。我的指尖黏糊糊的，在看台下做热身练习时，于棒球上留下了汗迹。正当我站在那儿前后踟蹰时，小熊队的经理乔・麦登走近我，打算在我投球前，向我展示一件个性化的小熊队球衣，开个小玩笑以活跃气氛。2016年6月的这个傍晚，我环顾四周，望着座无虚席的瑞格利球场上的4万名小熊队球迷，我意识到，这支球队、这个地方堪称检验我整个人生的试金石。

我童年时代的所有生日几乎都是在这里庆祝的。派对之后的几个星期里，同学们就不遗余力地讨好我——用棒球球星卡和自己的午餐零食贿赂我。因为他们知道，瑞格利球场门票的归属问题尚悬而未决。在比赛之前，我总能搞到小熊队英雄们亲笔签名的球星卡，而我父亲肯定会让我把宝贵的签名球星卡和我那些拘谨腼腆的朋友分享——这让我很生气。我记得，有一次在赛前，我得到了厄尼·班克斯、比利·威廉姆斯、托尼·泰勒以及唐·齐默亲笔签名的球星卡，爸爸同意我保留班克斯和威廉姆斯的卡，但是让我把泰勒和齐默的卡给那些因为没得到签名卡而难过流泪的朋友们，他们不像我那么大胆敢闯。

我在伊利诺伊州巴达维亚市的卧室（距离瑞格利球场大约 50 英里[1]）里面放满了小熊队的物品——小熊队的床单、小熊队的枕头套、小熊队的背包。我甚至在所有上学用的文件夹、资料夹上都画上了小熊队的队标，以免有同学怀疑我对小熊队的一片忠心。

我父亲的旧公文包里放着一个金色的锡纸盒，盒子上有两片翻盖儿，里面保存着我儿时最珍贵的物品——棒球球星卡。那套托普斯球星卡每年春天问世，大街的席尔克杂货店有卖，一包 20 个，还附赠一块粉色泡泡糖，才卖 5 美分。我姑姑利尔每周一次购物时都给我买一包。我打开那个包时的高兴劲儿跟圣诞节早晨开封礼物时有得一拼。那一片粉色泡泡糖的香味会一直伴随着下午的吹泡泡活动。不过我更关心的是，那一叠球星卡里都藏着什么。有汉克·阿

[1] 为保持原书风格，本书中的英美制单位不做计量单位换算。

伦的、米奇·曼托的、威利·迈斯的卡，甚至更棒，还有我钟爱的小熊队球员的卡，乔治·奥尔特曼的、艾尔·斯潘格勒的、鲍勃·威尔的，或者就像中奖彩票一般——还有厄尼·班克斯的、弗格森·詹金斯的卡，或者比利·威廉姆斯的卡。

我沉迷于这些球星卡之中，把每个球员的击球数据、家乡，乃至身高、体重都背得滚瓜烂熟。我跟朋友们交易，想方设法搞到一套完整的球星卡。当然，凡是小熊队的卡我统统乐得交易。

如果不做球星卡交易，我们就在彼得森铸造厂隔壁的沙地上玩，这家工厂每天下午都会倾倒刚生产出的铁水。这块地尘土飞扬，上面只有几块干草皮，不过对我们来说已经算是非常宽敞，足够我们在上面追逐梦想了。我们喜欢玩四对四的棒球赛，垒与垒之间相距 30 英尺，堪与真正的棒球场相媲美，还有能用来计算是“二杀”还是“三杀”的复杂规则。夏天我们可以整天逗留在户外，像我所崇拜的小熊队球员们那样打棒球。

等到我们年满 8 岁，有资格参加少年棒球联盟时，我被巴达维亚颜料公司白袜队选中，却落选了巴达维亚中心设计公司小熊队，这让我倍受打击。少年棒球联盟的赛场就在福克斯河边，春天和夏天的时候，你常常可以看到我在三垒，相比于击球手，我更擅长在这个位置截地面球。事实上，把球举到头部和上半身，这似乎增加了我的上垒率。

高中时代，我和我的朋友们从离巴达维亚最近的日内瓦站乘坐火车到芝加哥看比赛，偶尔我父母大发慈悲，让我逃学去看小熊队午后的比赛——当时所有小熊队的比赛都在下午举行。我的逃学之举差一点儿瞒天过海——就差一点儿。有一次，我高中的教练从电视上看到我在现场接住了一个界外球。（现在我才想起来，当时正是学校上课时间，汤姆·麦克马洪教练怎么会在看比赛呢？）

我放弃了西点军校的录取通知，决定就读位于芝加哥附近埃文斯顿市的西北大学，是基于一个重要事实，即我希望能随心所欲地坐“L”火车去瑞格利球场看比赛。我完善了自己的计划，只选上午的课程，以防万一我听到常春藤的召唤却无法响应，我可是经常听到这样的召唤的。

在小熊队 1972 年赛季结束阶段，我和我的同学丹·德维特（我们都叫他“迪莫”）跳上火车，希望能赶上小熊队在该赛季的终场比赛。我们买到了三垒一侧的票，就在球员席那边的防水布后面。我心里盘算着，在比赛期间的某个时刻，跑到场上去体验一下脚踩瑞格利球场草坪的感觉——哪怕只是短短的一瞬间。等到小熊队在第九局的前半局终结了整个赛季的那一刻，我立马脱口喊道：“快走！”

我都没注意迪莫是不是跟了上来，就一路狂奔穿过三垒的场线，跑到了内场，小熊队的球员们满脸困惑地站在那里，我倒觉得，他们是被我的举动逗乐了。我跑到二垒，然后朝一垒跑去，而此时芝加哥警察就在我身后穷追不舍。我跑到了一垒，然后接着跑，不是往回跑，而是跑向看台。我翻过护栏冲到了一垒的场线上，数千名球迷起立欢呼。当我飞奔上露天看台的台阶后才发现，迪莫就在我身后。我们沿着通向谢菲尔德大道和艾迪生街的斜道跑，此时紧追不放的警察就在我们身后约 30 码处。我以为我们能成功脱逃，没想到警察事先用无线电发送了安全警报，指示关闭出口的大门。我和迪莫很快就被逮住，他们用手铐把我们铐在了一起，然后带我们沿斜道往回走，走下看台，然后，简直难以置信，我们居然又穿过球场朝拘留室走去。

“我们有幸走了两趟球场呢！”我笑嘻嘻地对迪莫说道。

是什么让我如此痴迷芝加哥小熊队呢？是那印有蓝色细条纹的白色队服让我着迷吗？是充满友好气氛的瑞格利球场上的午后比赛吗？这里有常春藤，四处弥漫着啤酒的香味，还有体育运动的戏剧性场面。或许，因为目睹成人们无忧无虑地玩小孩子的游戏会产生快感？非也。我对小熊队的深情厚意自始至终都与欧内斯特·“厄尼”·班克斯息息相关。

班克斯是堪萨斯城美国黑人联盟君主队的球星，1953 年小熊队在美国黑人联盟的传奇人物巴克·奥尼尔的帮助下，签下了班克斯。这位土生土长的德克萨斯人曾经为君主队效力两个赛季，后来因朝鲜战争期间服兵役两年而中断了赛事活动。当班克斯抵达芝加哥时，他成为了第一位身穿蓝白队服的黑人球员。他立刻打入了首发阵容，不仅成为了球队的中流砥柱，而且还是小熊队最受欢迎的球员之一。我生于 1951 年，在我成长的关键期，厄尼・班克斯对我的影响非同寻常。

每次有幸去瑞格利球场时，我们都会早早到场，看班克斯的击球练习。最让我感到惊奇的，是他那敏捷的双手、灵巧的手指、非凡的平衡力，还有他稳健的下盘，利用双腿击球的方式也让我惊叹不已。我也喜欢上面印有蓝色细条纹的白色运动衫，在运动衫的心脏部位上方，印着小熊队那经典的红白蓝队标，运动衫的左袖子上有一个红圈，圈里是一个蓝色小熊，后背上是标志性的 14 号，其影响力等同于后来崛起的新生代球星迈克尔・乔丹的 23 号之于芝加哥队。

然而，更让我心怀敬畏的是他那超凡的安打技术。没错，厄尼・班克斯热爱生活，热爱工作，将每一份工作及每一天都视为新的机遇，这在他的笑容、他爽朗的笑声、他的积极拼抢、他的愿望中统统表露无遗。他的座右铭是——咱们来打两场吧！他永远渴望每一天都收获再多一点。即使在球队排名连续垫底、他本人状态低迷时期，也从无怨言。

我卧室的墙上贴着一张厄尼真人大小的海报，每天早晨一睁眼就能看到。在美国社会依然充斥着种族隔离风气的时代，身为一个来自伊利诺伊农场的白人男孩，却崇拜这位来自德克萨斯州达拉斯的黑人男子，对此，我从不认为有什么怪异之处。

我少年时代的一大荣耀，是 11 岁时在小熊队赞助的安打比赛中获胜，有幸和小熊先生握了手。我们俩在场上的合影至今依然是我最宝贵的体育纪念品。

我的愿望不只是要像厄尼·班克斯那样，成为芝加哥小熊队的全能明星，我还想成为厄尼·班克斯那样的男人，也就是说我非常乐意接纳他积极乐观的人生观。从少年时代起，我就立志以我心目中的这位英雄为榜样，把每一天都当作天赐的礼物。

当我站在小熊队的球员席，等待出场开球时，厄尼就浮现在我的脑海里。时隔大约 44 年后，我要再次踏上瑞格利球场那片神圣的草地了，这一次，我感受到了周遭的一切——草地的馨香、夜晚的微风、热狗的味道，1988 年安装的电灯使得夕阳的余晖更加绚烂。我想起了自 1972 年我闯进这个球场以来人生中发生的一切，尤其是与我的家人相关的一切，此刻他们就站在球场的本垒后面。

他们中有与我相伴 14 年的妻子史黛西，我在人世间的生活因她的相伴而绚烂如天堂。她的旁边是我的第一个孩子，30 岁的凯西，一名 NBA 博客写手，还有她的妹妹，24 岁的克丽斯塔，她居住在佛罗里达州的坦帕市，是一位崭露头角的高尔夫球手。克丽斯塔的右边是我的长子，27 岁的克雷格，我们叫他“小克雷格”，正是有了他，我才能至今还活在世上。那里还有我年纪尚幼的孩子们，11 岁的赖利和 10 岁的瑞安。瑞安身穿一身小熊队的行头，眼里充满了好奇。此时此刻，我所有的家人都在现场陪伴着我——这真让我不敢相信。此外，还有 30 多位亲朋好友，以及顺利赶到瑞格利球场与我共同欢庆的同窗。经历了两年艰苦的抗癌斗争，对我们所有人来说，这都是一场可喜可贺的庆功会。

“现在，女士们、先生们，请欢迎 NBA 记者、土生土长的芝加哥人克雷格·赛格上场。”

人群欢呼起来，此时乔·麦登执意让我脱掉外套，套上背后缝有我名字的小熊队队服，我迫不及待地接受了。我动身朝投手区平台走去。我真想在自己的人生中再一次全速冲进球场，那里充斥着班克斯那“咱们来打两场吧！”的气势，然而此时的我双腿虚弱无力，要挣扎着保持身体的平衡，只能一步步走过去，我紧紧抓住这一重要时机，像个政客一样，向人群挥手致意。

为小熊队的比赛开球，这是我从来不敢奢望的重要时刻，但是，自从收到了邀请，为了这一刻我准备了 4 个星期。最初的练习，是我和瑞安在车库前的车道上投掷网球，因为几个疗程的化疗彻底摧垮了我的体力。不过，我每天都在专心练习作为投手要投出的第一个球。等5月31日抵达芝加哥时，我已经胸有成竹了。

为了确保球到位，有些开球嘉宾选择从投手平台前把球投到本垒。而我呢？要投球到位，我只能维持60英尺6英寸的投球距离。小熊队的一垒手安东尼·里佐本人就是一位癌症幸存者，此时他身负接球手的重任入场，捶了几下手套，然后冲我点点头。我将右脚踩到平台的橡胶上，右臂缩回，准备出击。球从我的手上出手时，全场一片安静……人生真的很有意思，不知不觉间兜了一圈，又回到原地。我的大部分人生都以体育世界为重心，见证了赛场上一些最精彩的瞬间，见识了那些最出色的球员。体育运动的美妙之处在于，永远有明天或者下个星期，乃至下个赛季。你的心里总是有希望在。至于我，我的希望始于一个名叫巴达维亚的小镇。

胆大包天

我的家乡是位于伊利诺伊州的巴达维亚，交通只靠一个红绿灯控制。那里既没有酒店，也没有汽车旅馆和麦当劳。不过，那儿有雪佛莱大道、哈伯德家居用品公司、肖特新闻报刊、席尔克杂货店以及五花八门的以其业主名字命名的零售企业。从这儿坐火车到大城市芝加哥只要 40 分钟的车程，因此我们并非与世隔绝，虽然有些时候貌似的确如此。那里只住着 7600 人，只有一所有 500 名学生的高中，所以大家差不多彼此都认识。

巴达维亚建于 1833 年，被誉为“风车城”，因为美国最大的 4 家风车制造厂都曾坐落在该城境内。臭名昭著的芝加哥黑帮头目艾尔・卡彭及其团伙则把这里作为他们躲避美国禁酒令执法官艾略特・尼斯司法管辖的避风港，而且约翰・迪林杰曾经住在巴达维亚大道，那时候我特别想在他家街对面住上一天。

我跟巴达维亚的大多数男孩，或者说跟全美成千上万的男孩一样，对世界充满好奇，对体育运动充满热情。不过，我与其他人的一个重要区别在于：我是彻头彻尾地天不怕地不怕，或者说，就像有人指责我的那样，我的人生态度就是鲁莽冲动、不计后果。回顾早年的生活，我想不起自己有过害怕的时候。我从不怕跌倒或摔断骨头，甚至都不怕丢掉性命，也从不怕考试考得不好或者错失致胜球；我从来不畏惧父母、老师或者警察，也从来不担心梦想无法实现。我猜，那种胆大包天的姿态会和自信心甚至虚荣心混为一谈，但是，我就是喜欢新奇刺激，热衷于一切让我心跳加速、让我觉得每时每刻都变幻莫测的事情。

这就是为什么我会在某天晚上，和朋友约翰·克拉克、汤姆·康沃尔以及他们的女朋友在一起时，觉得自己就是个电灯泡，于是决定从乘客座位的窗户爬到约翰的车顶上，我整个人趴在上面，车行驶在一条空荡荡的乡村公路上，约翰将车开到时速 50 英里，我紧紧抓住与挡风玻璃相接的金属边框。这就是为什么我喜欢在城外的公路上把跑车开到时速 120 英里以上，既不怕撞车，也绝不担心被警察勒令靠边停车。这就是为什么我 12 岁的时候，怂恿我的朋友脱掉衣服，在城市主干道 31 号大街上裸奔。这就是为什么我曾经在班里点名时藏在窗帘后面的窗台上，然后跳出来吓了波尔丽老师一大跳。这就是为什么我曾经在极光赛道附近举行的赛马会上，接受了朋友的挑战，去爬赛道旁边的极光水塔塔顶。我不仅成功登顶，而且站在上面观看了下一轮比赛，那时现场数以百计的观众都把目光从终点线转向了我。这就是为什么 1967 年夏天，我决定干一票更大的。

那年，小镇的一大新闻是，巴达维亚公共图书馆得到了一台复印机，这可是我们大多数人压根没见过的新鲜玩意儿。当时我们还在用复写纸手写副本，因此花 5 美分就能复印一张，这的确是非同一般。

“我有个好主意。”我清楚地记得，当时我这样对我的朋友格雷戈·伊塞尔说道。

我看得出他迟疑不决，不过我可是个能说会道的人，结果是我和格雷戈走到图书馆，溜达到那台复印机跟前。格雷戈很紧张：“我觉得我们是不是应该……”

“太棒了！”我打断他的话。

我从口袋里拿出一张破旧的 1 美元纸币，把它正面朝下放到复印机的玻璃上，然后把 5 美分投进机器里。几秒钟后，出来一张印有乔治·华盛顿头像、序列号及其他细节的纸币。要是我们能在商店里把这张假币用出去，那每复印一张纸币就能获利 95 美分！注意，我们并没有把纸币的正反面都复印了，而且每个复印纸币上的序列号也都一样。甚至，我们的单面、单一序列号的复印纸币还是黑白的。尽管如此，我依然认为我们的计划天衣无缝，于是我们复印了一打。我们把复印纸币上的多余部分剪掉，这样那些假币的尺寸就和真的一模一样了。

接着我们离开图书馆，直接去了威尔逊街，即巴达维亚的活动中心（巴达维亚只有寥寥几家活动中心）。走进奥姆斯戴德商店时，我们已经盘算好了。奥姆斯戴德是家典型的小镇商店，出售的商品从立体声音响到土豆应有尽有，柜台后面甚至还有台自助洗衣机。我们的计划很简单：我假装要买一台立体声音响设备，从而把店主引开，这时候格雷戈就把美元假币放进自助洗衣机的零钱兑换机里。

我极尽一个 15 岁男孩之所能，去吸引店主的注意力——回想一下，那情景大概类似于《小狼人》里的迈克尔 · J. 福克斯试图从一个老傻瓜那里买一桶啤酒的场面（只是我没有他那种令人毛骨悚然的声音或者游移不定的眼神）。格雷戈拿了一张假币塞进金属插孔里，然后把插孔推进洗衣机。等插孔弹出来时，里面的假币不见了，叮叮当当地掉出来 4 个 25 美分的硬币。几分钟的时间里，格雷戈将超过 10 美元的假币换成了硬币。我们彼此交换了一下眼神，然后大大咧咧地走出奥姆斯戴德，过街直奔赫德尔，那是一家多数巴达维亚孩子都喜欢逛的汽水冰激凌店。我们喜笑颜开，嘴咧得像卡迪拉克轿车一样宽。没错，我们发财了，不过在我看来，我们大功告成这一事实比起拥有几块钱更叫人激动。

我们在赫德尔逗留的时间肯定有 3 个小时，我们嬉笑打闹，痛饮奶昔，豪吃汉堡包，互相开玩笑，还和其他刚结交的朋友逗乐子。然后，正当我打算再把一根薯条塞进嘴里时，差不多一个排的巴达维亚警察和州警察，还有脸色阴沉的联邦调查局特工走了进来，他们一定是本地人给引进来的。几秒之内，我和格雷戈就被勒令站起来。

“先生们，你们被控伪造假币欺诈。”其中一位警察说道。我的脑海里不由得闪现出卡彭和迪林杰的样子。

我自作聪明地想靠狡辩脱逃，于是声称，我们只是在消磨时间，因为我们这两个巴达维亚的孩子在这个夏天的午后实在闲极无聊才干这事儿的，并且我保证会归还那几块钱。

“小伙子，这可不是触犯了地方法规。”一位联邦调查局特工说道，“蓄意伪造假币进行欺诈可是联邦罪行。”

说罢，我和格雷戈就被塞进一辆巡逻车，送到了巴达维亚监狱。我得承认，我有点儿担心，不知道接下来会发生什么事，不过我认为，自己肯定能想到办法解决的，没有我办不到的事。

格雷戈的父亲先来到监狱，立刻劈头盖脸地对他一顿数落。

“这肯定是赛格的馊主意。”他的父亲脱口而出，“格雷戈从来就没去过图书馆。”

“伊塞尔先生，”一位特工回答道，“自助洗衣机和零钱兑换机上面全是你儿子的指纹。”然后他列出了一长串我们所触犯的州以及联邦法规。

接下来轮到我父母出面了。他们和特工及警察谈了相当长的时间——事实上，他们的谈话结束前，那段漫长的等待时间简直跟服刑一样难熬。

他们和奥姆斯戴德店主达成协议，不起诉我们，联邦官员同意交由地方当局处理此事。我和格雷戈则同意替本城创建并监督一个自行车登记项目，每周六工作，作为惩罚，还要清洗巴达维亚的警车。在这之前我还被父亲训斥了一顿。

少年时代的我是巴达维亚某些人的眼中钉，对另一些人来说我就是个活宝，对社会而言则是“公害”，在一些朋友的父母眼里我简直是害群之马，这样说我公平吗？我猜确实如此。我的确总是忙个不停，绝不肯错过人生的任何一个瞬间。

我从来不怕失败。一场篮球赛打到最后，即使我们队以一分之差落后，我仍然想着要亲手投进最后一个球。

即使眼下，我身处高尔夫球场，要打出一个 10 英尺推杆才能赢下比赛，我仍然想击球一试。我的基因里根本不存在害怕失败的成分。我向来不放过任何机会。人要是一味地揣测可能发生的最坏情况，那会怎么样呢？那你可能会错失自己人生中最难忘的时刻，却还一直蒙在鼓里。

回首我 65 年的人生，当我在与癌症抗争想再多活几年时，偶尔自己也会好奇，为什么我如此勇往直前，为什么从不后悔，为什么一直不断地考虑“如果”，为什么我必须忙忙碌碌，为什么我要坚持不懈地与癌症抗争。这个答案，与人生的许许多多答案一样，来源于家庭。

我的大家庭

母亲科拉尔・赛格是我的偶像。她身材高大，体格健壮，容貌美丽，风趣诙谐，关爱他人，对大多数美国时事都有自己的见地，简直魅力四射。她向来不太适应社会的条条框框，在我家的门厅上挂着一幅针绣图，上面赫然写着——去他的家务活！她是巴里・戈德华特（Barry Goldwater）的粉丝，那个人开着一辆金色的敞篷凯迪拉克车，顶部为蓝色，这两种颜色分别代表着“金子”和“水”，车尾贴上面写着“AUH2O”，代表这两种物质的化学结构。母亲教会我打高尔夫、棒球、篮球，我所有的比赛她都场场必到。

妈妈也喜欢带我去购物，跟我的许多朋友不同，我很珍惜跟她出门的机会。可以随心所欲地挑选自己想要的东西，这令我开心不已。至今，我依然喜欢采购生活必需品、逛购物中心以及替人跑腿。我小时候曾经跟着妈妈到处跑，她的一言一行造就了我。妈妈好奇心十足，她总能注意到别人忽略的东西，也鼓励我尝试新鲜事物，要敢于冒险，从而培养自信心。她修读了飞行员培训课程，在45岁的时候拿到了飞行员执照，不过只在佛罗里达驾机升空过一次，之后就再也没开过飞机——她只是想向我父亲证明，她能做到。跟厄尼·班克斯一样，妈妈从无怨言，从不让细枝末节的琐事困扰自己。

她的乳房松弛影响到高尔夫比赛，于是她便当机立断铲除障碍。大多数女人选择保持女性特质与外观而不愿把乳房缩小，而我的妈妈却认为，在自己人生的那个阶段，高尔夫比乳房更重要，结果她就做了乳房缩小手术，来提高得分。她还做手术替换了左肩，对于因此造成的疼痛从不抱怨。而且手术后等不及医生的预约去掉石膏，她就自己拿厨房用刀将其切掉了。因为她已经迫不及待地要在做挥杆练习时延长球座的距离。

每当遇到挑战，她都能找到攻克的方法。对于自己的处境，她既不消沉也不伤心。

无论是顺境还是逆境，她始终保持积极态度，我也耳濡目染，深受其影响。母亲由于子宫切除手术、肩部替换手术以及常年吸烟而导致诸多不适，她的后半生备受疼痛折磨，但是她从不抱怨，始终坚韧不拔、顽强不屈，坚信糟糕的日子总会过去。

我的父亲艾尔和我母亲并非事事合拍，我常常好奇地想，他们的婚姻怎么能维持那么久呢？在妈妈的眼里我完美无瑕，而爸爸总觉得我还可以做得更好。

爸爸是公共关系与宣传方面的专家，曾经为共和党及理查德·尼克松撰写过讲演稿。在这里，有关我父亲的回忆我主要围绕他的工作展开。他总是早起晚走，晚餐桌上都在工作，常常出差，接电话，忙忙碌碌。在他经营自己的代理店时期，一天工作 20 个小时，一连五个晚上都不与家人共进晚餐，对此他也不以为意。而且，和我那崇尚自由的母亲不同，我的父亲专注于风险管理，他总是担心天有不测，而且把自己对态势的感知力强加给我和姐姐坎迪。不过，他也从不抱怨工作负担重，或者资金出现问题，或者隔壁邻居不好。我的成长环境就是：从不抱怨，从不解释，只有行动。我从小就传承了他的工作操守，常常临时替朋友们充当报童，为本地人送报纸，给邻居家剪草坪，或者在本地高尔夫球场打工。我甚至申请了在巴达维亚收垃圾的工作，但是根据市政府的要求，我当时的身高体重（5.4 英尺，120 磅）不合格。我得承认，我在学校里并非勤奋好学之辈，因为对我来说，那些课程实在太容易了。尽管我学习不够努力，但还是成功地成为全国优秀生协会的一员，赢得了数学成就奖，SAT 和 ACT 的成绩都非常棒，还在学校上演的戏剧《安提戈涅》中扮演了主角海蒙，且表演娴熟。

在我成长的过程中，我的父亲喜欢跟我分享我出生前他的参战经历。二战期间他在军队任职，担任《美国大兵杂志》的记者，并且与波特·帕克斯共同主持一档名为《军旅时间》的广播节目。他乘飞机穿梭于战区，从蒋介石到美国的将领他挨个做了采访。我记得，他给我讲故事时特别有激情，这使我渴望成为像父亲那样的讲故事好手。

爸爸坚持不懈地要求我和姐姐注重驾驭文字的能力，他尤其为我的写作能力感到自豪，因为他认为写作是一门需要磨练的技能。他在有生之年读到了我撰写的一些具有历史性意义的体育赛事报道。而最让他引以为傲的，是我写的一篇有关爱国主义的文章走向了全国。

1966 年，我还是一个渴望得全 A 的高中一年级学生，我的英语老师告诉我，唯一能让我的分数提升到 A 的方法，就是写一篇文章参加美国退伍军人协会作文比赛，这是面向美国高中生的全国性比赛。我的作文是《向美国国旗致敬的方式及原因之我见》：

人们叫我们“青春期少年”，对我们的报道多过越南战场上的我国士兵。通常，在众人眼里我们就是一群不干不净、邋里邋遢，留着长头发的少年，蔑视、反叛父母、老师、军人、政府首脑以及所有被理解为过时的、关乎文化传统或彰显爱国主义精神的人或事。人们想当然地认为我们安于现状而不愿寻找机会，宁可跳“抽筋舞”也不做体育运动，喜欢卡斯特罗多于我们的总统，喜欢摇滚乐多于

《星条旗永不落》。我们有些同龄“老油条们”的国际形象是：烧征兵证、袭击老师、亵渎我们的国旗。

虽然我也喜欢比萨、薯条、水果派、奶昔、紧身牛仔裤、电视、度假以及更多的零花钱，像个 14 岁青春期少年的样子，但我大概更像数以百万计的非典型性青春期少年，他们很少受到公众关注，极少在电视上露面。我们这些非典型的青春期少年很高兴能出生在美国，而不是哈瓦那、莫斯科。当我们在校园里聆听《星条旗永不落》或者抬头仰望星条旗在旗杆顶上飘扬时，感觉这并非是普普通通的歌曲或者教育我们成长的一块色彩鲜亮的布，而是我们要铭记的隐藏于音乐、旗帜背后的历史。

我们抬头挺胸，傲然挺立，因为我们牢记《独立宣言》、《人权宣言》、福吉谷、葛底斯堡、阿登战役、珍珠港事件、朝鲜战争、越南战争、自由女神像以及一个致力于为全体民众争取自由与正义，而不存征服世界之心的国家，这个国家记载了这一个个历史瞬间。的确，我们是青春期少年，但是与我们之中那帮最耸人听闻的龌龊家伙不同，我们很自豪能生活在这个地球上最伟大的国家。无论何时有人往我们的国旗上吐唾沫，或是诋毁我们的政府，我们都知道，这只是因为他们无视了一个事实，即我们已经拥有了他们迫切渴望的东西。

国旗总会提醒我们，只要我们有一半的美国人能像那些为我们实现自由的先辈们那样，那自由就永远属于我们。

这就是有些青春期少年口中的“国旗飘扬”。这就是我们这一帮人所谓的“爱国主义”。我们是多数派，那国旗必定会飘扬下去！

这篇作文不仅为我赢得了 A，而且让我在巴达维亚高中一、二年级作文比赛中名列第一，最后还在学区比赛中名列第三。本地《极光灯塔新闻报》风闻这篇作文后也予以刊载，因此引起了众议员夏洛特·T. 里德的关注，她将其记入 1966 年 6 月 1 日的“国会记录”里。我爸爸将这篇文章复印了一份，无论走到哪儿都随身带着，还不失时机地向他的客户及同事炫耀他的儿子。

其实，我并非完美无缺。我在巴达维亚读高中三年级时，参加了一个演讲比赛，并且获准参加“即席演讲”类别的地区性比赛。正如标题所示，参赛者需从一个帽子里随机抽取一个主题，用一分钟时间整理自己的观点，然后发表雄辩有力的演说。轮到我时，我把手伸进去取出一片纸，上面写着“安乐死”。拿到这个后，我立刻思考起来。当时越南战争正如火如荼，东南亚的青年男女们正在垂死挣扎，他们不是沦为难民就是被囚禁。我信心满满、激情四射地发表了以“亚洲青年的困境”为题的演讲。在我讲的时候，我看到观众席里有些人翻白眼，还听到有人窃笑。我和父母交流了下眼神，心想，也许是我的演说太精彩，观众们都知道我稳操胜券。

演讲结束后，根据 1–10 的评分标准，裁判们一致给了我 1 分。主持人告诉我，安乐死是一种在他人辅助下的自杀行为，而不是一群越南孩子。我的脸涨得通红，感觉那一秒钟漫长得就像一小时。我看得出，全屋子的人都在看我的反应。我报以哈哈大笑，整屋子的人也跟着我一起哄堂大笑，还和我一道鼓掌喝彩。

我的父亲张嘴便是老生常谈和至理名言，他总是抓住一切机会提醒我和坎迪“如果没有亲身经历，就不要对别人妄加论断”。他一直坚守着这个信条。爸爸从不凭肤色或宗教信仰，或者银行存款的多少来论断人。他看的是共性，而非差异。他是私立马米恩学校董事会唯一的新教徒，芝加哥黑人选美大赛上唯一一位白人裁判，对此他泰然处之。类似的接纳他人的功课也在我们社区每周比赛的室外地滚球赛场上展露无遗。

室外地滚球运动起源于古罗马，这项运动虽几经变迁但其中某些环节保留至今，在欧洲及全世界意大利裔聚居的城市，比如芝加哥，很是流行。在巴达维亚，和我们家相隔两栋房子的邻居塞维拉诺·帕西蒂在自家后院修建了一个地滚球球场，主持每周一次的社区野餐会和地滚球比赛。我的父亲对这项运动特别感兴趣，不工作的时候他就去赛维拉诺家的后院，后来还跟随他和一个清一色意大利裔人（除了我爸爸）组成的地滚球队到处参加比赛。在我的少年时代，意大利国家地滚球队曾到美国做巡回表演赛，我父亲被选入美国队与这支世界冠军队较量，地点就在芝加哥市中心一家餐厅外的一个地滚球球场。

观众很多，许多巴达维亚人（包括我）到芝加哥为爸爸和赛维拉诺加油。我真不知道，身为艾尔·赛格的儿子我什么时候如此骄傲过。在意大利移民地滚球队有着精彩表现、身为各种非营利机构或教育机构的唯一白人，我的父亲教导我和姐姐，看人要看品质，不要以貌取人。实际上，我高中时的两位队友及好友，麦克·布朗与丹尼斯·格雷夫斯两人均为非裔美国人，来自巴达维亚黑人不多的“东区”。我父亲定期在赛后带我们仨去外边吃晚餐，他替麦克和丹尼斯支付了篮球基础夏令营一年的费用，这个夏令营是德保罗大学篮球教练雷·梅尔在威斯康星州三湖市举办的，我也和他们一起参加了。在去夏令营的路上，我们在我家停留了一下，妈妈用一个大号冷藏箱装了满满一箱的零食和饮料，数量之多是麦克从未见过的，我永远忘不了麦克当时的眼神。

多年以后，透过我拜访过的许多地方、交谈过的许多人，我才真正理解到种族问题的严重性，真感谢我的教养让我拥有绝佳的机会可以选择心目中的偶像，更可贵的是，我结交朋友不拘泥于种族界限。我从未把厄尼·班克斯看作黑人，而是把他视为一位前所未有的伟人。体育运动领先于社会，当马丁· 路德·金博士还在梦想有朝一日人们评价他的孩子们不再根据肤色，而是基于他们的内在品格时，在体育界这梦想早已实现。我出生时，正是杰基·罗宾逊打破棒球界种族障碍的 4 年之后，我把厄尼·班克斯视为偶像，我知道，正是天赋、职业道德以及诸多成就将汉克·阿伦缔造成了伟大的击球手，使吉姆·布朗成为最多产的跑垒员，使比尔·拉塞尔成为我这一代人中获得荣誉最多的运动员。

尽管我从父亲身上学到了很多重要的功课，但是他也并非尽善尽美，有时他对我和姐姐可能过于挑剔。实际上，我高中时代的老师 30 年前也教过我的父亲，他们不断地提醒我，当年的他是一个完美无缺的学生。我四年级时在 196 名同学中名列第九，这成为我妈妈引以为傲的资本，而我爸爸却看着那份排名表，追问我排在我前面的那 8 位同学都是何许人也。

9 岁时，我在一场少年棒球联盟的精彩比赛中三次被三振出局，当时我父亲也在现场观看了比赛。在回家的路上，父亲在车里告诉我，我让他在朋友和邻居们面前丢脸了，因为我打得很差，或者用他的话说是“糟透了”。比起别人，感觉最糟的还是我自己，我坚信勤能补拙，于是在乘车回家的短短路程中便当即下定决心，我一定要打得更好。一回到家，我就拿起棒球手套到后院，往一面砖墙上扔棒球，等球弹跳起来就扑过去接，以此练习我的防守技术，但是这样的练习会让我的身体承受很大风险。在 90 分钟的练习时间里，眼泪一直在我的脸颊上流个不停，我母亲走出来问我怎么回事，她温暖的拥抱让我心里舒服了好多。

跟我一样，我的父亲视工作如生命。晚年他卖掉了自己的广告公司，搬去了佛罗里达州，但他对退休生活很不适应。除了玩《纽约时代》杂志上的填字游戏，跟妈妈打高尔夫球屡战屡败，他好像就没什么娱乐活动了，因此每当我有重大海外分派任务，比如1986年在俄国举行的友好运动会，我就带上父亲一同前往，我想他可能喜欢那样的氛围。结果，这期间他帮我查询资料、撰稿，事实证明这对我们俩是一次双赢的经历。我无意让他重操旧业，我只是希望让他有事可做，但是看到爸爸如此满腔热情地做事，这让我意识到，他那最令我钦佩的职业道德，具有天生的积极乐观色彩。

1998年，泰德·特纳让我出差去古巴帮助加强与古巴国家棒球队的联系，为此泰德可以安排一场他旗下的亚特兰大勇士队与1996年金牌获得者的比赛。我带父亲一同前往，我们获得了特别通行证，到了一个时间仿佛都静止了的地方。我父亲深深地迷上了古巴文化和文明的方方面面，以及古巴人的独特个性。他问了许多问题，还记了笔记，看到父亲做这些事的时候，我感觉这个昔日的二战记者仿佛年轻了许多。真庆幸自己能看到父亲如年轻人般朝气蓬勃的样子，得享这种好运的儿子可并不多。不过，在古巴逗留一星期之后，我脑海里也留下了一个鲜活的形象，那既非感性认识，亦非幻觉，而是一个清晰的画面，教我如何成长为爸爸那样的人。

至于我们家的第四位成员，比我大 4 岁的坎迪，我总是给她制造麻烦。我不仅是监视她约会的讨厌弟弟，还是父母眼里完美无瑕的“金不换”孩子。有一次为了引起妈妈的注意，好让她护送我穿过繁忙的巴达维亚大街回自己家——她规定我们必须在大人的护送下过街，我把一块石头扔进了前窗，妈妈并没有因此惩罚我，反而为起初没有听到我的呼叫而一再道歉。

坎迪是个叛逆的家伙。尽管我有时违反规矩，但还是会确保在规定的回家时间前 30 分钟回到家里，而坎迪呢？她要拖延到规定的回家时间一个小时后才到家。我和她，像许多兄弟姐妹们一样常常打架。有一回，妈妈威胁说，如果我们还在后座上打个不停，她就开车往树上撞——她还真那么干了！当时我上四年级，妈妈开着那辆 1958 款别克车撞上了巴达维亚大道上的一棵榆树，那根 20 世纪 50 年代的重型镀铬钢保险杠只是轻微受损，但是却把榆树的树皮切掉了，那也成了科拉尔 · 赛格言出必行的铁证。还有一次，在我很小的时候，坎迪在照看我，结果因为我胡闹把她惹恼了，于是她就和一个朋友把我绑在一棵树上，然后就不管不顾地走掉了。

我和坎迪的关系发生变化是在她高中毕业后，那时她早早地结了婚，还生下了两个小姑娘。她的第二个孩子克里斯蒂经诊断患有苯丙酮尿症，那是一种非常危险的病，有时还会致命，她已经住院好几周了。情况危急，我每天都和坎迪去医院想方设法让克里斯蒂打起精神。我想，我的姐姐很感谢我如此的关心照顾，所以开始把我看作自己的同辈，不再是一个讨厌的弟弟了。幸运的是，克里斯蒂最终挺了过来，长成了一个出色的妙龄少女。

回首往事，丰富多彩的家庭生活给我的成长打上了深深的烙印，成长中的点点滴滴就像拼图一样，汇聚在一起，拼凑成了一个完整的我。胆大包天是上帝赐予我的礼物；乐观态度则是来自厄尼·班克斯的馈赠；好奇心与活力源于我的母亲；职业道德与满腔雄心则承自我的父亲。我就是这样一个人。

一分钟训练

要说巴达维亚历史上最重大的事件，也许要追溯至 1912 年，当时巴达维亚高中男子篮球队在一场比赛中荣获了伊利诺伊州州冠军，当时所有学校，无论是公立学校还是私立学校均在同一赛区比赛。直到 20 世纪五六十年代，我在自家车道上往那个固定在一块扇形木制篮板上的金属篮筐里投篮的岁月里，人们还在津津乐道 1912 年的那支篮球队。代代相传，巴达维亚因此赢得了“篮球之谷”的美誉，举办比赛的日子里全城人声鼎沸，毫不夸张地说，在有比赛的夜晚，男女老少都涌到了巴达维亚高中体育馆看比赛。

在高中时代，我就意识到，棒球运动的节奏太慢，并不适合我——对于一个精力过旺的孩子来说，那些运动量的确不够。橄榄球好玩是好玩，但是训练，尤其要顶着夏日的酷热练球，太烦人了。虽然作为外接手，接球触地得分很有成就感，但是我一点儿都不喜欢练习击球、阻截球员、练习赛。我就是不喜欢这项运动有太多身体接触。我打了 3 个赛季，担任过一次弃踢手、一次外接手，当时我虽然身材矮小，但移动速度很快，我接住了所有我这侧的球。

不过，篮球运动倒是很完美：那连贯的动作与移动；打球就是练习；最好的选手很快就能占据头把交椅。我喜欢这种精英教育。我发誓要成为本地的英雄，要成为全城都为之停工的那伙人中的一员，要帮助巴达维亚斗牛犬队赢得一座闪闪发光的州冠军奖杯（或者至少要与 1912 年的战绩相差无几）。但是，心理承受能力差的人可不适宜在巴达维亚打篮球。

简言之，唐・万德尼克教练是个铁石心肠的讨厌鬼。他曾经当过水兵，留着寸头，长了一张军人的利嘴，不遗余力地挖掘球员身上零星半点的天赋。在万德尼克教练手下打篮球是我经历过的最艰难的事——甚至比抗击白血病还难。

成为巴达维亚高中的篮球手意味着要服从管制，时间、思想的自由统统受制于万德尼克教练。他规定我们头发的长度，而且众所周知，谁的头发要是超过规定长度哪怕几毫米，都会被他踢出球队。他规定每个球员一旦走出校门就必须戴上深红色与金色相间的无檐小便帽，违反此项规定会受到严厉惩罚。他还禁止球员们在校园里与女生说话，以免他们分心而不能专心打球。他甚至给我们每人发了一个活页本，里面详细列出一年四季我们能或不能吃、喝的东西。

如果说身为一名巴达维亚篮球队员，在场外的生活很艰辛，那在场上的情形则形同地狱。每天早上上课前，父母们冒着严寒顶着夜色，把他们的儿子送到学校，而其他男孩则是在 6 点 30 分骑自行车或步行去体育馆训练。万德尼克教练教我们篮球比赛的基本技能：运球、传球、防守。我们一遍又一遍地练习基本功，直到他稍稍满意为止。每天早晨我们都练得大汗淋漓，然后才冲凉，赶着上第一节课。

那午饭时间呢？那是要留出来练习罚球投篮的。球员们狼吞虎咽地吃下当天自己妈妈打包的食物，然后便在体育馆里排队练习罚球投篮，打磨手型与命中率。

当下午的放学铃声响起时，我们已经做好思想准备，要面对身为巴达维亚的球员必须承担的最艰难的重任了。每次下午训练开始前，我们都得把 5 ~ 10 磅重的哑铃固定到脚踝上，一直到离开体育馆时才能卸下。教练一直坚信，如果我们腿上绑着额外的负重进行训练和练习，那比赛的时候我们就会感觉身体很轻盈，动作也会快捷很多。因此，我们脚踝上绑着哑铃，爬一根从体育馆顶部垂下来的两英寸粗的绳子。爬上去又爬下来，如此循环。接着我们又挤到一把长椅跟前——不是要就座，而是练习跳椅子，一遍接一遍地跳。做完这些热身运动之后，教练让我们进行两小时的高强度训练（其间不能暂停去喝水），然后下令开始“一分钟训练”。

许多练体育的人都应当熟悉各种形式的“一分钟训练”，更通俗的叫法是“自杀式训练”。从篮筐下的一条底线开始，我们必须冲刺到罚球线，然后再跑回底线，再跑到中场，再跑回，接着再跑到远处的罚球线再跑回，最后冲刺到对面的底线再回来。万德尼克教练给我们60秒时间完成这些冲刺活动。任何一个团队如果有队员完成时间超过一分钟，那全队都得重来一次。有些日子，我们得重做五六次，甚至十次“一分钟训练”。到最后队员们会累得呕吐，双手按在膝盖上站不住，彻底地累垮了。从逻辑上讲，我始终无法理解，在超时5秒之后，我怎么居然能克服脱水、虚脱以及乳酸中毒等重重困难，反而跑得更快的。不知怎么的，我练得非常起劲，万德尼克教练貌似也知道我能做到，就这样，我探到了自己身上一直存在却不自知的潜能，并且是花了不到60秒的时间就将其成功挖掘出来了。

为什么我和其他那么多队员心甘情愿受万德尼克教练的折磨呢？原因之一是，篮球比赛，其乐无穷，而我向来喜欢竞争；另一个原因是，成为巴达维亚高中篮球队的队员，会让你在校内校外都成为响当当的重要人物。

如果你认为万德尼克教练和我以及我的队友对待篮球的态度可谓一丝不苟，那你真应该见识一下我妈妈科拉尔·赛格的较真劲儿。

在一场与我们的对手之一东奥罗拉队的激烈对抗赛中，她走到赛场上抗议一个裁判的裁决，言辞也不那么亲切友善，她坚决主张我们被坑了。不能给一个球迷技术犯规令，裁判只能拼命地为自己的立场辩解，可也无济于事。后来两名警察过来给他解围，他们命令我妈妈回露天看台去，可她拒不听从，于是那两个一身蓝装的警察耸耸肩，用手铐铐住她，就这样把她带离了体育馆。她在众人的起立鼓掌和喝彩声中走了出去。

我上高中一年级时，曾经和毕业班学生丹・伊塞尔、小肯・安德森一起打球，前者后来荣登 NBA 名人堂，后者后来也实现了自己的价值，成为全美橄榄球联盟的最佳球员。上大学之前，我的身高只有 5 英尺 7 英寸，还没到生长高峰期，不过我还是担当了替补控球后卫。我的父母算是全城最高的人（妈妈的身高甚至达到 6 英尺，爸爸则是 6 英尺 3 英寸，坎迪则是巴达维亚高中的“第二高人”，仅次于 6 英尺 9 英寸的伊塞尔），所以我肯定还会再长高的。教练组想让我退出校队一年，去参加欧洲的一个学习计划，但是我对此毫无兴趣，这期间我也渐渐地从阵容里最矮球员专用的 3 号，上升至最高球员专用的 32 号，因为我的技能和高度均提高了。

20 世纪 60 年代后期，我们连续赢得了 54 场分区比赛，还拿过小锦标赛五连冠，我们每年都是最后一支在州锦标赛上被淘汰的小型学校。这个成绩也是按照万德尼克教练的要求而实现的目标。

我向来不是最有天赋的篮球队员，也不是个子最高或速度最快的，但是我相信自己，相信积极正面的思考确实能使情况改观。你的思维方式影响你的感觉，你的感觉方式决定你的行为。自高中开始我就秉持这一理念。积极正面地思考，相信自己，那么你终会有收获。正因如此，我才得以走进赛场投入比赛，靠的就是信心。

想象一下简单的罚球动作，许多球员都过于担心罚丢，他们满脑子想的都是各种可能会犯的错误。教练矫枉过正，则会带给球员更大的压力。我呢？我踏上罚球投篮线，就一心想着自己一定能投中。当然，有时我也投不中，不过我从来不会连丢两球。在巴达维亚的篮球赛开场前，当我和队友们在跳球前练习罚球投篮时，所有人都会在命中最后一记罚球后回到替补席，而我则总是在罚丢一球后结束热身，因为我信心十足，坚信自己绝不会连丢两球。

果不其然，一直到我成人后，才对万德尼克教练当年的策略或方法有了感激之情。我尊敬他，但是并不怕他。他的独特之处在于，总能挖掘出我们未知的潜能，执着地坚信你永远不会放弃。过去两年间躺在病床上，我常常想起万德尼克教练，由于打针、检查、白血病，我的身体虚弱不堪。即使在最艰难的日子里，当疼痛从近乎全秃的脑袋到青紫色的脚趾，最后弥漫全身之时，我也从未想到放弃。这点疼痛与万德尼克教练当年的训练根本无法相提并论，尽管眼下的赌注更大。

问一问我相识多年的朋友们或者家人，他们个个都会告诉你，65 岁时的我和 15 岁时的我没什么两样。同样的气魄，同样的干劲，同样的癫狂，同样的决断。当强力球彩票奖金涨到数目可观时，我还是会买上一两张，而且坚信自己能中奖。当然，我至今也没有中过头奖，但是这并没有打消我再玩一次彩票的念头，而且还坚信这回自己肯定能中大奖。

一直以来我都深信，希望永驻，明天一定能成功，没有什么可以阻挡我成功。自 1981 年起，每年我都赌芝加哥小熊队能赢得世界大赛——这可是连续下了 35 年都没赢过的赌注。2015 年 12 月，我替小熊队下了 1000 美元的赌注，赌它今年会赢。不管怎样，你得把事情往积极的一面去想。

胆大包天，是的。乐观态度，是的。好奇心，是的。职业道德，是的。信念，是的。决心，是的。希望，是的。上帝、厄尼、妈妈、爸爸以及万德尼克教练，谢谢你们。在过去的两年间，上述每一种品质都是我必不可少的。

我的小家庭

1980 年秋天，我担任堪萨斯城一家体育电视台的新闻主播（该电视台隶属于美国广播公司堪萨斯分公司），同时也为堪萨斯城皇家队主持赛前及赛后表演活动。29 岁的我为比赛奔波，忙于抛头露面以及约会，玩得不亦乐乎。就在一场皇家队的比赛上，我遇到了一个 19 岁的女孩，约会两次之后我们就订了婚，3 个月之后便结婚了，这事儿发生在我这样一个向来雷厉风行的家伙身上大概并不奇怪。这桩婚姻并没有维持多长时间，但是却给了我 3 个超棒的孩子。

1986 年，我的第一个孩子凯西出生时，我任职于美国有线新闻网和亚特兰大的特纳广播公司，负责报道高校橄榄球赛、篮球赛、田径赛以及国际赛事，但是我的心里时刻牵挂着小凯西。在家的分分秒秒我都抱着她。有时候我甚至都不敢相信，自己已经为人父了。

在我的内心深处，总觉得自己还像一个孩子。但是很快我就明白了，为人父虽难，但是非常值得。当我不出差时，我会带着凯西去工作，去商店购物，像我母亲当年带我那样，带她去看比赛。凯西（我叫她“随身行李”，因为我带着她到处跑）就是我的小伙伴，无论走到哪里我都带着她的照片、她画的画儿，还有她写给我的字条。

等她到了入学年龄，我就开车送她上学，然后带她进教室，一路上逗得她咯咯笑。她学前班的老师告诫我，我每天送她走进学校不利于培养她的独立性，我就告诉这位老师，她应该替那些每天不送孩子上学的父母操心。这次交谈的结果就是大家都被叫去校长办公室开会，会后我收到老师含糊其辞的道歉信，其中有一句非常可贵的话：“你是一位很棒的父亲，也是我们班的一笔财富。”这张纸被我装上了镜框，至今还放在地下室里。

而今，体育运动以及我和凯西对篮球的共同嗜好在很大程度上将我们俩的关系拉近了。她已成长为一名出色的女士，比我更了解篮球以及NBA，而且常常在她的范特西联盟中获胜。当初我被确诊患有白血病时，凯西在医院里向医生和护士提了一大堆问题，质疑他们的诊断，守护自己的爸爸，不久她就成了白血病专家，熟记我所有的药品及用量，根本无需提示。虽然我们的关系因此变复杂了，但却让我很欣慰，而且我对我长女的爱永不止息。

凯西出生两年后，我的长子走进了我的生活。做克雷格·赛格的儿子有时并不容易，尤其是当你跟他共用一个名字时。童年时代的你常常只能在小小的电视屏幕上看到自己的父亲，深夜他也不能为你盖被子。不过做我的儿子也会享受到一些娇宠。

1996 年，我和前 NBA 球星丹尼·安吉一起在意大利报道了一场国际篮球联赛，其间他提到，虽然打了一段时间的职业棒球，但是他从未参加过世界职业棒球大赛。恰巧亚特兰大勇士队在大赛中主场对阵纽约扬基队，既然我们俩都要从意大利飞回亚特兰大，于是我邀请他停留一晚，和我一同到场观看一场比赛。我们在我家换了衣服，慢跑到当地的一个足球场，当时年约 7 岁的小克雷格正在那里踢球。他那个球队虽然成立没几年，但是人才济济，小克雷格就是其中的球星之一。现场观看他的足球或棒球比赛，时时刻刻都让我为他自豪。我酷爱看他上场比赛。

于是我和丹尼站在场外为小克雷格助威，当时居然鲜有人认出他。比分很快从 5:0 变为 10:0，对方球员的父母们开始冲我们队的教练大喊大叫，抗议比分差距拉大。这种状况持续了几分钟，等到我们又进了几个球，对方球员父母们那尖酸刻薄的叫骂声更大了。

“我真是忍不下去了。”丹尼对我说道，然后他沿边线径直走到那些还在气势汹汹地叫嚣的父母们跟前。

“我来这儿，是为了看一场精彩的足球赛和一支优秀的球队。”

比赛还在进行，他指责道，“如果你们的孩子技术不够踢这个级别的比赛，那就去别处踢吧。”我根本不知道，在小克雷格看来，他父亲的朋友是让他感到骄傲还是尴尬，不过我永远不会去问。对我来说，这正是我所认识的丹尼·安吉，我只是笑眯眯地旁观着。

小克雷格一直是一名出类拔萃的运动员，比当年的我优秀多了。他是少年棒球联盟中少有的 8 岁选手，他的队友都比他大三四岁。尽管他拥有运动天赋，却依然竭尽全力地勤学苦练，比他的对手更积极地去拼抢。

我的父亲已去世 5 年了，每当想到自己和长子的关系，我就会常常想起他。我觉得，随着年龄的增长，小克雷格会更理解我的身份和职业。我们之间有着千丝万缕的联系。

1991 年，我的另一个孩子克丽斯塔降临了，她是我最小的孩子——当时她是最小的。在她小时候，我有一个习惯，就是每天晚上我在家时，她洗澡、梳头发、刷牙之后，我们就并肩躺在她的床上读《猪宝宝和巨型泡泡》。这是历久弥新的传统，是我们每天读书、欢笑、交谈的特别时段。她也有一个被她叫作“缝针”的泰迪熊，是她在把额头撞到门上，需要缝针的那天我送给她的。“缝针”伴随着她到处跑，其间还跟着我驱车到了底特律。

我们办理退房手续时，克丽斯塔发现“缝针”不见了，我们一下子慌了神。我想到，那小熊一定是被裹在床上用品里，送到洗衣房了。前台经理玛莎·理查兹同意让我和女儿去位于地下室的洗衣间看看，在那里我们翻了一堆又一堆的床上用品，终于找到了“缝针”。

如今的克丽斯塔是一个非常积极、乐观的妙龄少女，和自己的父亲一样她也选择了高尔夫运动，向来宽仁大度。我有时会忘记，她已经是一个职业女性，有稳定的男朋友，还有无比美好的前程，但我仍然觉得她还是我的小囡囡。

1999 年，在波多黎各举办的奥运会篮球资格赛期间，我的 3 个孩子也南下来访，逗留了几天，他们完全被所到之处随处可见的蜥蜴和鬣蜥迷住了。这些东西是很难抓住的，不过既然我的孩子在盯着——加上有我的摄影师史蒂夫·亨利放哨——我看到一棵棕榈树上有一只绿色小鬣蜥，就蹑手蹑脚地潜到它跟前，抓住了它。之后我们又抓来了一只，然后把两只都放进水瓶子里，在上面扎孔透气。孩子们给它们分别取名叫里科和胡安妮塔。

众所周知，将动物带入美国境内是被禁止的，于是我想方设法将水瓶子藏在我的随身行李中。当我在机场开包检查时发现，里面藏着的不是“它们”——而是只有一个“它”了。胡安妮塔逃跑了。我们居然奇迹般地通过了机场检查，里科跟着我们回家了。我们饶有兴趣地看着它成长。由于鬣蜥的发育程度取决于它们栖息地的大小，于是我们就将它的笼子修得越来越大，眼看着里科长到了 6 英尺多！孩子们在长大，里科也在长大，最后它被挪到了我母亲家，竟然还长到了 10 英尺长。我和孩子们至今还会聊起可爱的老里科。

我的工作的确让我频繁出差，在某些年份有 200 多个夜晚都离家在外，这让我远离了我的孩子们。孩子们习惯了我缺席他们的活动、学校的演出、比赛以及增进感情的时间。但是每当我们团聚时，往往是其乐融融。我总是尽可能缩短我的行程。我常常是早晨送孩子们去上学，紧接着飞去一个城市待一两晚，然后 48 小时之后再飞回来，手里拿着一个麦当劳的食品袋去学校里跟他们一起吃午饭。

我还记得，有一次我带凯西和小克雷格去了 12 家不同的麦当劳店，让他们在一天之内收集同一系列的所有欢乐儿童餐玩具（还有几个是重复的）。回到家后，他们就根据食物种类、奖品以及游乐场地的不同特点，把每一件麦当劳玩具归类，然后把我们在每一家店拿到的偏振片贴到一页练习本上。

我的婚姻破裂之后，家庭互动发生了变化，我与孩子们的关系变得更加复杂。糟糕的是，我出差太多，又渴望成功，渴望见证体育世界所展示的每一个精彩瞬间。但是我很珍惜我们 4 个人在一起的分分秒秒。我记得，看着凯西在 2003 年“玫瑰杯”橄榄球赛的游行仪式上手持低音单簧管的样子，我当时无比自豪，和她的弟弟、妹妹在看台上为她助威。

孩子们年幼时，我可能有时不是一个体贴入微的父亲，不过，我确实很乐意常常带小克雷格去亚特兰大的一家玩具店，让他挑一件新玩具，然后他就在附近的猫头鹰餐厅的地板上玩玩具，而我和我的朋友盖斯·拉里森、怪人史蒂夫·韦尔奇以及哈蒙德·雷诺兹喝上两杯啤酒。我是亚特兰大一家体育酒吧“乔克与吉尔”的其中一位创始人兼所有人，我们在当地开设了十几家分店。在凯西和小克雷格还是蹒跚学步的小娃娃时，大家都知道我经常把他们放进“投篮”牌篮球网里玩，这样能防止他们爬到远处去。

也许我的育儿技巧有点儿另类，但我喜欢做爸爸的感觉。可是当我年过 50 时，我的人生依然不完满。

尽管我的第一段婚姻以失败告终，但我依然幻想着爱情，乃至婚姻。事实上，我渴望爱情。我想体验鲜活的、充满激情的真爱，我期待能找到人生的伴侣。我很清楚自己的目标，但是要实现这目标并不容易。找到一位灵魂伴侣——能包容我、我的出差、我的冒险精神的人——并不容易。我有过很多约会，一直到 2000 年 12 月，这场寻爱之旅才结束。

一位朋友不断地跟我提到一个女孩，一个来自中西部的漂亮金发女子，说她才貌双全。以前我的朋友给我安排过一些约会，但是统统维持不了多久。

“不是，克雷格，这次我是认真的。”我的朋友拉里·扬告诉我，“她就是你的梦中情人。”有一次聊天时，最后这句话他重复了 3 次。拉里每次只要在亚特兰大遇到她，就立刻打电话提醒我，我的真爱就在他面前。

2000 年 12 月 28 日，特纳广播公司在南佛罗里达转播美光电脑公司赞助的美国大学生橄榄球精英赛，我打算第二天直飞圣安东尼奥市去见一群大学时的朋友，30 号我们要一起观看母校西北大学在阿拉莫橄榄球精英赛上与内布拉斯加州队的一场比赛。然而好几架飞越墨西哥湾的航班因极端天气被取消，于是我飞到了亚特兰大，到达后我计划住在市中心的温德姆酒店。（在这之前，由于我频繁出差，觉得根本没必要在亚特兰大置办一个“家”。20 世纪 90 年代，我的父母从佛罗里达搬到了这里，因此我在他们的客房里有一个衣帽间，需要换新外套时就来这里。）

温德姆酒店的对面就是第一家“乔克与吉尔”餐厅兼体育酒吧。我决定进去光顾一下。我记得，我落地之后的那个夜晚，是北美职业冰球联盟亚特兰大长尾鲨鱼队主场作战，于是我去位于 CNN 中心的“乔克与吉尔”餐厅，加入赛后人群。

尽管之前的旅行遭遇诸多不便，搞得我很沮丧，但是随后我马上就忘得一干二净了，因为我一踏进餐厅就发现了我的梦中情人——一个落入人间的“仙女”，一个如雕塑般优雅的金发美女，真和拉里说的一模一样。在一群和她截然不同、身穿运动衣与牛仔裤的冰球观众中间，这位引人注目的欧洲模特显得格外显眼。我知道她就是拉里告诉我的那位“梦中情人”。相互自我介绍、寒暄了几句之后，我们聊起了她在芝加哥公牛队鲁瓦布尔斯啦啦队跳舞的那段时光，对篮球与体育运动的共同热爱拉近了我们的距离。她来自一个有 4 个男孩的家庭，因此也不怕吵闹。不仅如此，她还拥有伊利诺伊大学芝加哥分校生物学、医学预科学位，真的算得上是集美貌与智慧于一身的“女神级”人物。

经过一番友好而暧昧的交谈之后，我心意已定，当即决定表白。

“我已经爱上你了。”我对史黛西说道，并邀请她第二天早晨和我一起按原计划去圣安东尼奥看橄榄球赛。

“不行，我们才刚刚认识呢！”她抗议道。

考虑到比赛是第二天举行，我觉得她说得有道理。

后来我们去了位于第十大街桃树路的第一家“乔克与吉尔”餐厅，临睡前小酌一杯。她离开时，我跟她吻别，实际上我还把衬衫脱给了她。那是几个月前我在澳大利亚悉尼报道奥运会时穿过当地的一座桥之后买的——无独有偶，一年前她也走过那座桥。作为回报，她把自己的电话号码给了我。等第二天终于抵达圣安东尼奥时，我累极了。一路上，我满脑子想的都是史黛西。她说话风趣又聪慧，还会关心人，而且拥有惊人的美貌，还很会找乐子。

新年当天回到亚特兰大后，我和朋友兼生意伙伴道格·里弗斯共进午餐，我邀请史黛西一同前往。史黛西的博学多识给道格留下了深刻印象，更别提她的天生丽质了，他冲我眨一下眼睛以示赞许，仿佛在说，“她很棒——你可不要搞砸了！”

午饭后，史黛西告诉我，当晚晚些时候她要回布鲁克黑文的“乔克与吉尔”餐厅去参加一个生日派对，我含糊其辞地告诉她，我可能也要去那儿。

那个夜晚，我的视线一直追逐着她的身影。酒吧歇业后，我提出陪她走回住处，她就住在附近的公寓。她请我进了屋，不过没过多久，她就说我该回家了。

“我没有家。”我回答道。本着诚实的精神来说，情况属实，我的家还处于漂泊未定的状态。

“嗯，你不能待在这儿，不过你明天可以给我打电话。”她说道。

凌晨 2：15，我漫无目的地在桃树路溜达，此时我意识到，机遇就在眼前，随后我来到巴克海德的丽思·卡尔顿酒店，开了个房间过夜，我深知自己已经迫不及待地想见她了。我的脑海里一直回响着莉拉·麦肯那首《我想坠入情网》里的歌词："我想坠入情网，我想感受那种快感。"

第二天早上我给她打了电话，叫她出来约会，不许她答一个"不"字。我使用了全场紧逼战术，于是我们至今都在一起。实际上比起她来，我的年龄和她妈妈的年龄更接近，阿丽娅的歌曲《年龄只是一个数字》讲述的是一个妙龄女子爱上一个年长男子的故事，而这首歌变成了我们的颂歌。

我们约会之初的某一天，我们俩坐在"乔克与吉尔"餐厅的露台上——除了那里没地方可去——当时我做了一件非赛格莫属的事情。

"咱们去拉斯维加斯吧。"我说道，"现在就去。"

史黛西看着我，露出不可置信的表情，就好像我是在开玩笑，而她搞不清楚到底是怎么回事。

"走吧。"我说道，"不用带包，现在就走。"

当她搞明白，我是百分百认真的，她就……同意了。

我们乘坐 MARTA，即亚特兰大公共铁路系统去机场。登机前，史黛西提出了一个要求。虽然她已经 28 岁了，但是她仍旧是斯特雷贝尔家 5 个孩子中最小的，而且是唯一的女孩，10 岁失去父亲后，她和妈妈培养起一种彼此信任、亲密无间的关系，而且保持至今。

“如果你能给我妈妈打个电话，让她知道我会平安无事，那我会非常开心的。”

我答应了，一分钟后我和玛丽·乔，我未来的岳母通上了电话。

“我爱您的女儿。”我告白道，“她是我的梦中情人，我想娶她。”

我的话有点语无伦次，实在是太激动了。

“克雷格，你向我做两个保证吧。”她对我说道，“一是保证永远不会对她说谎，二是保证要一直好好对她。”

2002 年 6 月我们订婚，6 个月后便结了婚——距离我们初次见面仅仅 18 个月。在巴哈马群岛的亚特兰蒂斯，面对着 50 位亲朋好友，我们结婚了。我们的婚礼在一个度假村举行，没想到还赶上克里斯蒂娜·阿奎莱拉在后面开演唱会。招待会是在租来的一艘船上举行的，船在群岛附近的海域上摇曳不定，船上人声鼎沸、热闹非凡。我提议为我的朋友拉里·扬干杯，感谢他让一切进行得如此顺利。我很庆幸能娶到史黛西，还能拥有这么一帮好友，为了表达感激与兴奋之情，我做了一个后空翻，从二楼甲板跳入海中。

有些朋友问我，为什么在50岁的年纪还想从头再来；还有的好奇，我为什么要放弃单身生活，这么大岁数了还想再做父亲。他们无法理解的是，一旦你遇到那个最适合你的人，答案就摆在你眼前了。我迫不及待地期待着再次做父亲。

2004年赖利出生时，我完全不知道时隔多年再做父亲是什么感觉。我50岁出头了，不过状态很好，所以我从不担心自己会配不上她。况且，我还有丰富的人生阅历。

赖利渐渐成长为一个全能的优秀女孩。她聪明伶俐、体格健壮、善良仁慈、待人真诚，给我带来一个又一个惊喜，网球、奥林匹克科学竞赛、学校作业样样出色。她真是无所不能。能有幸看到孩子成长是莫大的恩赐，单是看着她的眼睛就让我的心为之融化，这让我更有动力与疾病抗争，力争未来数年我依然可以看着她成长。她一直保持着全A的成绩，小学毕业时因为在学业、体育、道德以及公民责任感等方面的出色表现而荣获辛迪·理查兹·伍迪奖。在领奖时，她说道:

“两年前，我父亲确诊得了白血病，因此，我妈妈必须全天照顾他。我不得不自己鼓励自己，自己处理各种事情，但是我从来不气馁。我就要升入6年级了，随着年龄的增长，我学会了自己做决定，我知道这就是责任感和独立性的意义。正是这个信念造就了今天的我。”

2006 年，瑞安降临于世，他就像体内装了发动机一样活泼好动，这让我既担心又高兴。他就是我的翻版。他不停地到处走动，一个活动接着一个活动，永远都不能一动不动地坐着，或者在沙发上休息一会儿。他的好奇心很强，爱好体育运动，这让我格外开心。与小克雷格一样，他的运动能力比我强多了，也许，他对网球的酷爱会带领他创造历史，而不单单是见证历史。小时候他就在年龄比自己大的分组里获得过多个冠军，展示了参与竞技运动必备的基本能力。

2015 年，瑞安学校布置的一项作业是写他心目中的英雄。无论走到哪儿，我都把这篇作文随身带着。

我心目中的英雄是我的爸爸。他教导我，为人处世的重中之重是要做到慷慨大方、全力以赴、勇敢无畏、永不放弃。我的爸爸鼓励我永不放弃。他常常告诉我，如果你想在某方面出类拔萃，那你就必须全力以赴。

你必须一心一意，竭尽全力。如果不是爸爸，我就成不了优秀的网球手或者篮球球员。就在我的生日之前，我爸爸病得很严重。我过生日时他还在住院。但是我爸爸并没有放弃，他不断努力，希望使病情好转，他不顾一切地亲自到派对上为我庆祝。他从来不放弃。在医院里注射所有那些针剂时，他表现得非常勇敢。他的一个目标就是回归工作，回到家人身边。这就是为什么我的爸爸是我心目中的英雄。

我想让赖利和瑞安尽可能过上正常的生活，也就是说，我从不希望他们为了每天来医院看我而冷落朋友或者放弃各种活动。在我住院那段漫长的日子里，史黛西会给我看孩子们参加体育活动的录像，我和孩子们也会通电话，保持密切的联系。尽管我的治疗日程常常使我无法全力训练赖利和瑞安，不过我喜欢观看他们在个人项目和团体项目中的比赛。赖利会全力以赴帮助她的球队获胜，而瑞安，跟他的偶像科比·布莱恩特一样，更乐于独当一面。

不过，即使在赛场外，赖利也很出色。去年，她被选入自由小学的新闻组，她既要播“早间公告”，还要扛着摄像机忙个不停。当各个教室播放学校新闻时，她还要操作电子提词器。我跟她强调，她应该熟读广播稿——永远不要因为一个小错误而指责电子提词器操作员操作不当，要练习“每日生日公告”中小寿星名字的发音，因为她觉得这似乎不是什么大事，但是对全校的孩子们来说非常重要。哦，要适时地面露微笑。观众肯定更喜欢具有微笑特质的新闻主播。这绝对是宝贵的经验，教女有方的我成了一个骄傲的父亲，开心地欣赏着电视上的赖利，以及她在播音方面的多种才能。

和赖利一样，瑞安也被选拔进入所有的快班。过去的两年间，他荣获过校级数学奖。我们运用较实用的数学方法，把一个个问题变成了技能：通过计算记分板上的得分差别，掌握了加法和减法；通过转换投手的防御率和击球手的打击率，掌握了乘法和除法；通过比较球手的进攻选择与其球队的出手次数，掌握了分数。他虽然只有 10 岁，但是，如果你在当地的酒吧需要一个用来观看超级碗保龄球比赛的方形竞猜，或者你的工作场所缺少一个观看美国大学生体育协会比赛的办公室竞猜，瑞安统统可以帮你搞定。

不过，我和年幼的孩子们共同度过的既特别又自豪的生活点滴中，最美好的大概是赖利跟着我去我的衣帽间，挑选直播时我要戴的与外套、衬衫、裤子、鞋子相配的领带了。哪怕她挑的领带实际上并不搭，我也会戴，因为她是我的女儿。

多年来，我一直努力做一个好父亲，但是由于我的工作性质，依然有许多个生日、足球赛以及恋爱分手等事务我不能在家跟他们共同分担。是的，我更关注的是确保我的孩子们能享受乐趣，而不是给予忠告。成为父亲是世上最棒的礼物，对孩子们的记忆印刻在我的生命册里。我是一个好父亲吗？我要把这个问题留给我的孩子们去回答。我知道我尽力了。但你知道吗？不要只是听我讲，为什么不让小克雷格来谈谈他的想法，分享一下身为赛格家的一员，他有什么样的感受呢？

成长岁月

小克雷格·赛格　撰

体育运动是我日常生活的一部分。我会说的第一个词是“球”。上学第一天是一件年度大事，让我有机会做模特展示我最喜欢的运动衣或球队。我根据当地的大学球队及职业球队了解各个州和城市的情况。我记人是看他们最喜欢的运动项目或球队。我和我的家人经常不断地心算体育统计数据，日复一日，我的数学技能就被磨练好了。体育运动保留了一扇通向往昔的窗户，挑战我的记忆力，激发我寻找每个故事及旅行原点的好奇心。它也训练我带着学习和提高的目的观看与倾听。体育运动的不可预见性教会我如何去质疑、去发表、反馈以及去预告我周围的世界。体育运动带我体验丰富多彩的情感，让我看到队服与球员号码之外的东西。

我家住在一个高尔夫球场上，后院的空间很大，于是爸爸在那里建了一个水泥跑道，边上铺了一圈阿斯特罗特夫人造草皮，跑道上刷了油漆。水泥跑道中央是堆得像小岛一样的干松叶以及两棵高大的长叶松，外围是一排从富尔顿县体育场淘来的浅蓝色座椅，给观众提供了观看后院运动会的完美视角。

我们的车库看上去像高中体育馆的储物柜，常常用作足球球门，而并非家用停车场。房顶是用来练习网球与高飞球技术的多角度挡球墙。檐槽则是各种球的集体墓穴。只有日落才能中断这些日复一日的体育竞技活动。

我的童年就是在一场又一场的比赛、一个接一个的训练中度过的。爸爸教导我，每场比赛都是最重要的比赛，总有一位赛格先生在现场为你呐喊助威。圣诞节礼物清单与生日愿望统统以体育运动为中心。装点我们家的是奖杯、剪报册、备忘录以及体育史上的纪念品。我们家的餐桌就是从爸爸的体育酒吧拿来的一个展示柜。我们家地下室的墙纸都是用棒球球星卡贴出来的。

我们全家人永远都在追逐乐趣，体育运动只是碰巧成了我们的最爱。爸爸是这个马戏团的头目，无论玩什么他都能从中发现乐趣，而且绝不会失手。每一项活动都是一次历险，而且总能找到理由庆贺一番。他走到哪儿都如游行队伍一般引人围观，而我是那个同行的游行花车上面带微笑的孩子。

亲眼看见他忙前忙后的情形让我懂得了，珍惜每一刻是多么重要，尽管在我学习这一功课的时候我并没有意识到。我从未想过其他家庭其实并没有我们这种“要么成功，要么回家”的心态，这种全力以赴做好手头工作的献身精神，后来渐渐使我从同龄人中脱颖而出，直到此时我才意识到，这种心态并非人人皆有。

我的赛格式职业道德第一次得到认可，是在我踢完小联盟足球赛第一个赛季、接过积极拼抢奖之时。我只是在努力赢下每一场球，让我的上场时间有价值。最后一场比赛结束，颁奖时我听到了自己的名字，当时我并不怎么注重荣誉或者自己所付出的努力，然后我爸爸健步走了过来，他满面红光，两个拳头高高举起，做出显而易见的胜利手势。我问他干吗那么激动，他说积极拼抢奖是我能获得的最重要的奖项。那一刻他自豪极了，我进一个球或赢一场比赛时，都没有像他这么张扬过。我们彼此间的亲密度又有了新的突破，还在不断加强，变成了我们以及他身上我最赞赏的优点，也成为了我的信念的推动力。我坚信，只要勤学苦练，没有什么是我做不到的。

时间退回到 2008 年，我们之间有过一场特殊的对话，我常常想起那一刻以及那场谈话对我人生的影响。经历了乏善可陈的高中橄榄球生涯之后，我下定决心要证明自己的职业道德到底能带我走多远，于是想再接再厉，去一个国家顶级橄榄球球队担任外接手。乔治亚大学刚刚在“糖罐杯”橄榄球赛中以 41:10 战胜了夏威夷大学，我赶来参加第一天的冬季训练，争取在这个国家顶级球队赢得一席之地。经过了最初几天的训练之后，球员们被告知，训练提前至早上 4 点 30 分。我拿起电话打给了爸爸，跟他讲我非常高兴要增加难度。

“大家都要早一些起床。”我兴冲冲地说道，“这太棒了。训练难度越大，我加入这个球队的机会就越大。论吃苦耐劳没人比得过我。”

他自己曾经做过临时队员，马上明白了我的心思，而且也相信，我的态度肯定会为我在该球队赢得一席之位。

8 个月之后，在那个赛季的首场赛，与乔治亚南方大学队的比赛期间，他到赛场上来看我，匆忙拍了一张照片，并且告诉我他是多么替我骄傲。我刻苦训练的态度得到了回报，当我跟随国家顶级球队突出重围时，我能感觉到我的家人是多么以我为荣。

我开心的日子并没有持续多久，因为一次手术令我的赛季报销，之后我还经历了两次类似的手术。于是，我开始安心学习大学的专业课程，此时家里所有人各有所好，所以体育运动不再是共同的家庭活动了。我得找到自己的视角，审视自己与体育运动的关系。果不其然，我的新闻学课程开始挑战我对体育运动的看法。我研究了这个行业背后的政治职能与法则，尽可能不加个人色彩地看待此行业。课程所学内容与爸爸传授给我的有关体育的观点大相径庭。父亲教育我的是，要永远以身穿运动服的球员为重——每个运动员都是拥有家庭与抱负的人。我要学的却是将体育视为一门生意，要懂得如何从中获利。

直到大学毕业，我的身体才从大学橄榄球队的伤病中恢复过来，并得到了我在体育界的第一份全职工作——担任“亚特兰大必胜”的撰稿人，这是一家在我家乡的体育营销公司，这让我有了回家的感觉。在做这份工作时，第一个赛季我现场观看了 55 场橄榄球比赛，不分昼夜地工作，每天都为体育而活，而呼吸。当我身处新闻记者区、走进更衣室时，我的爸爸在某个地方做着同样的事情，只是级别不同，他更受人关注而已。一想到这些，我就很开心。他在自己的职业生涯早期也报道过高中比赛。我觉得是体育拉近了我和他的距离，虽然因为日程安排的冲突，我们彼此见面的机会越来越少。

距离永远不是问题，我的所作所为让我与他紧密相连。我的职业道德、坚决果断以及积极性都源自我的父亲，这些都是我身上固有的一部分。我一直都很赞赏他对工作的热情，因为我深知，对他来说工作非常重要，这也是我希望在自己身上重现的东西。工作态度就是他人品的体现，所以 2014 年 4 月他患病的消息一出，人人都感到悲痛不已。

第二部：抗癌之战打响

绿色啤酒是元凶

自 24 岁起，跑步便成了我日常生活的一部分。坚持至今的这个消遣活动就是从那一年我生日当天开始的。当时我在佛罗里达的一个田径场跑步，绕场一周，进行慈善募捐，我的朋友及家人纷纷慷慨解囊。几十年后，我依然在跑步，每天都跑，每到一个城市都保持跑步的习惯，跑得大汗淋漓、热血沸腾，其间眼观四路，耳听八方。穿行于旧金山内河码头沿岸以及波士顿历史悠久的滨水区，一路感受密歇根湖吹来的风，体验脚踩洛杉矶海滩沙子的感觉……这样的跑步会让我感觉自己活力四射。跑步时，我很少记录时间或里程，只管跑着，偶尔会有想法在脑海中盘旋。不过更多的时候，我会享受这难得的机会，实地探访因工作之需所到的一座座美丽城市。跑步是我出差时忙里偷闲、休整片刻的一种方式。

2014 年 4 月一个美丽的清晨，身处迈阿密的我正在跑步。当时，我在该城替特纳广播公司报道迈阿密热火队的篮球赛。我脚蹬轻便鞋，离开四季酒店，向南朝比斯坎湾桥进发。我感受着阳光火辣辣地照着面孔，聆听着路边小店里飘来的古巴音乐。此时大路上塞车严重，望着那些可怜巴巴被困在车里的人们，我真为自己能这样自由逍遥而欢欣鼓舞。我穿过那座桥，跑过比斯坎湾，到达老码头，然后转身跑回酒店，为赛事报道做准备。

那晚，为特纳有线电视网实况转播完该场比赛后，我依照自己的赛后惯例，去了猫头鹰餐厅滨海分店，与特纳的同仁们畅饮百威淡啤。滨海分店是我多年来出差期间一直光顾的 250 多家猫头鹰餐厅之一，我喜欢那里的布法罗香炸虾球。

餐厅歇业后，我回到了酒店，第二天一大清早还要赶飞往印第安纳的航班。在这之前，我还得尽量睡上几个小时。一觉醒来，我感觉有点儿比平常累，而且双脚发疼——我以为是跑步累的。我从迈阿密飞到印第安纳波利斯，然后开车到达特雷霍特，在一场募捐活动上演讲，以便保住安德森高中的棚屋球馆。身为土生土长的伊利诺伊人，我的整个青少年时代都在打篮球。我深知，对于一个中西部地区的小城来说，高中球馆的作用举足轻重，因此当多年的老朋友特里·提姆拉尔领导的工作组找到我，希望我能参与其中并献计献策时，我很乐意效劳。第二天，4 月 10 日，我要去达拉斯报道一场赛事，因此当演讲结束，与学生、家长、老师以及学校管理层人员聊完之后，我搭乘最后一趟航班离开印第安纳，飞往达拉斯。

飞机在达拉斯－沃斯堡国际机场降落，安全带指示灯熄灭之后，我迅速从座位上起身，伸了个懒腰，打开头顶上方的行李舱，拿出我的旅行袋。

“天哪，真重！”我当时心想。

跟着同机旅客出了飞机、走进移动通道时，我的脚步慢了下来。我的双肩交替着背旅行袋，感觉身体有点儿摇晃。航空旅行当然会让人很不舒服，但是这次我感觉自己的大脑与身体之间异乎寻常地脱钩了，而且绝不单单是疲劳所致。当我重新踏上移动通道时，走了大约 10 步就不得不停下，用右胳膊支撑着金属扶手喘口气。

到底是怎么回事呢？

我放慢呼吸，保持镇定，一步一步地，全凭意志力穿过机场，走到等候我的车跟前。这时，我仍然认为自己如此疲乏无力都是因为日程安排太紧张了。

我想，只要好好睡一觉就没事了。

通常，每到一座城市，即使是深夜，我也会去最近的酒吧或餐厅喝点东西,吃顿晚餐,跟其他客人互动互动,从他们嘴里套点故事,也分享点儿我自己的故事。但是那晚，我的目标就是办理新月苑酒店的入住手续、刷牙，然后直接上床睡觉。给闹钟定时并躺下之后，我最后又想了想，身体怎么会出现这种奇怪的状况。此时，一个念头从我的脑海中闪过：几周前，我在圣安东尼奥时恰逢圣帕特里克节，当时喝了些剩酒，结果喝病了，估计是那些病毒还没有从我体内清除干净。

大概就是这个原因，我心想，那个绿色啤酒是元凶。之后我很快就睡着了。

在达拉斯，我要跑的路线是凯蒂步道，这是一条 3.5 英里长，跑步、骑行两用的步道，沿途是一条穿越达拉斯中心地带的联合太平洋铁路的旧线路。通常，我是从步道的入口处，靠近美国航空中心的地方起跑，跑一跑，一路欣赏城市及公园的景色，观察跟我一样在步道上跑步的人们。这向来是我喜欢的跑步活动之一。然而 10 号这天早晨，我一觉醒来，却完全没有了跑步的兴致与冲动，提不起兴趣，这可绝非我熟悉的感觉。我给史黛西打电话，告诉她从前一天晚上起我突然感觉乏力。她建议我吃片阿司匹林，然后躺一躺。

“可是今天有一大堆事情等着我处理呢。”我说道，“有一个早间节目制作会、一整套球员与教练采访节目，还有比赛。”

“嗯，比赛之前你有时间吗？”她问道。

“可能有。”

“那就睡个午觉吧。”

我已经好多年没有睡过午觉了，我甚至不敢保证，自己的大脑节奏是否能慢下来安心睡个午觉。但是会议、采访结束后，我已经累得几乎抬不起头来，于是返回酒店，吃了一片阿司匹林，给闹钟定好时间后便睡了过去。

等醒来时，我顿感神清气爽。我笑着想到，这再一次证明，没有史黛西解决不了的问题。我跳下床，穿上自己常常穿的彩虹色套装，出发前往体育馆。

独行侠队与马刺队的对抗赛很精彩，有蒂姆·邓肯、托尼·帕克以及德克·诺维茨基等全明星球员之间的交锋。当然，也有马刺队的主教练格雷格·波波维奇，如今他是场上最优秀的教练之一，用强有力的实力彰显了自己在篮球史上的至尊地位。他对比赛的了解程度，在比赛中调整战术的超凡能力，以及与队员们之间的关系缔造了一系列的冠军。

当晚，在独行侠队与马刺队的对决中，我的表现很好——从赛场的一头跑到另一头，偷听比赛暂停时球员们碰头会的情况，报告伤情，在短暂的休息时间抽空匆匆书写整理赛后采访波波维奇时要问的问题。比赛刚结束，我就前往马刺队的休息室做了几个简短的赛后采访，接着又沿走廊前往独行侠队的休息室。然后，“轰”——前晚下飞机时的那种虚弱感与眩晕感就好像勒布朗的冲撞犯规一样击中了我。

几年前我滑雪出事故时，独行侠队的队医塔克·苏里亚尔医生曾给我做过膝盖手术。这时，他看到我倚墙站着。

“赛格。”说话间，他把一只手放在我的背上，凑近了仔细端详我，“你不舒服吗？”

“不太舒服。”我说道，感觉非常虚弱，实在无法否认实情。

“有点儿……有点儿……不对劲。”

苏里亚尔医生像做眼部检查一样查看了我的眼睛，然后说道：“你得去趟医院，马上就去。”

“我去不了。”我摇摇头，说道——就是做这个动作都让我觉得好像费了九牛二虎之力，“我还要再做几个采访。”

“你现在就去。”他说道，一边说一边给我指出租车的出口。

然后，他没等做完给独行侠队队员的赛后检查就提前给医院打了电话。

于是，我慢慢走到体育馆外的大街上，叫了一辆路过的出租车，告诉司机送我去德州卫生长老会医院。我有点儿担心，毫无疑问，也觉得很孤单。

出了一个失误

对我来说，医院始终是个伤心之地。我还记得父母临终前自己去探视他们时的情形，尽管我很想陪伴在他们床边，但是病房那令人窒息的氛围还是让我烦透了，无法久待。我的父亲本来是个闲不住的人，他的身高达 6 英尺 3 英寸，病床相对而言显得极为狭小，然而他却被限制在这张床上。从他胸壁及肺部伸出来的管子一直拖到地上，一台咯吱作响的仪器在抽取病变的血脓及其他肺部积液，此情此景让我痛苦不堪。我的母亲原本一生都精力充沛、朝气蓬勃，到最后却无法站立，双腿因血液循环不好而呈青紫色，身体极度虚弱，还感染了坏疽，一种食肉菌一点点地蚕食了她的体内组织，导致这可恶的不速之客闯入血液里，截肢成了她唯一的生存机会。甚至当我在做膝盖手术住院的 24 小时期间，我都想着要逃离医院。我从来没生过病，从来没旷过课，也从来没旷过工（去看小熊队比赛的时候除外）。

长老会医院的急诊科医生吩咐我做一组血液检查。同时，护士们在我就诊之后，几乎马上就给我插上输液管，开始给我的身体输液。在等待验血结果期间，我渐渐感觉身体有所好转，甚至冒出了可以起身离开的念头。

我心想，等我离开这儿，就直接去扎扎酒店的酒吧喝酒去。

然而，我等了近 1 小时。其间，我渐渐变得坐立不安起来。似乎当晚的急诊室并不是特别忙，所以要么是那位值班医生多喝了一杯咖啡从而耽误了时间，要么是做分析诊断的血液里，除了那些剩啤酒，又卷进了其他的什么东西。

“赛格先生。”医生从帘子后面走回来，说了一句不太中听的话，“你快跟僵尸一样了。”他接着告诉我，我血液中的血红蛋白值是每公升 4.6 克——我这个年龄的男子的正常值是 14 ~ 18。虽然我完全不懂什么是血红蛋白，但是他那直白的诊断结果告诉我，单从一个重要的统计数值来判断，这个数字结果已很糟糕。

通俗地说，就是我的身体停止制造新的健康血液了，而且这种状况很可能已经持续了数月之久。致病的潜在原因可能是一种典型的病毒，也可能是内出血，还可能是“更可怕的东西”。医生们开始给我输血——之后的 24 小时里，我要接受 6 次输血，这还是其中之一，接下来我还要住院接受进一步的检查，包括肠镜和胃镜检查。

在检查的过程中，我想开玩笑问问“能让我跑到扎扎酒店的酒吧喝一杯吗？”但是那位医生情绪不佳，他的面部表情告诉我，我最好还是不要开玩笑。半夜时分，我给史黛西打电话，告诉她眼下的情况，她打算第二天飞来达拉斯。在那间冷冰冰的病房里，我觉得格外孤单，有一种从来没有过的孤独感。我不知道自己的身体到底出了什么问题。

总算睡了几小时，醒来后我发现，自己还在输血，身上伸出来一个个针头和管子。每隔几小时便有护士或医生来看看我，告诉我一项检查结果，然后吩咐做另一项检查，可所有的检查统统不见最终结果。时间一分一秒地过去，我变得越来越沮丧。我不懂，医生们为什么不搞清楚我得了什么病，然后给我用药医治。星期五下午，史黛西到了。她有生物医学预科学位，还有做起搏器和除颤器销售代表的经验，有权代表我向医生和护士们质询。“你们有没有做全血细胞计数检查？谁是住院总医师？你们有没有给他用抗生素？我们还有什么其他可选择的治疗方案？”

星期六早晨，我做的检查更多——又是数项抽血检查，然而还是没有结论。

“不要再做检查了。”我忍无可忍地冲医生们发令了，“我要回亚特兰大。”

“赛格先生。”其中一位医生警告道，“你的血液浓度仍然非常低，你得留在医院稳定病情，还不宜长途旅行。”

史黛西起初也坚持，但是看我那么想回家，她就心软了。医生别无选择，也让步了，但是我必须遵守旅行警示和指导，抵达后要马上去亚特兰大医院就医。

办正式出院手续用了数个小时，最后终于有一位善良的护士走进来，用轮椅把我推到出口。我坐在轮椅上，在自动滑动门旁等着，两眼呆呆地望着停车场。这时，史黛西在前台拿到了出院证明文件，和我会合，然后我们一起走了出去。一辆出租车正在路边等着我们。

“请带我们去爱田机场。”爬上车后座后，我说道。我们系紧安全带，司机将车开出停车场时史黛西看起了病历。她没有让我看到那张写着“疑似白血病”的记录。

小时候，我和爸爸都是飞机迷。许许多多个星期六，我们从巴达维亚驱车大约 30 英里到曼海姆路，再到芝加哥的奥黑尔国际机场，停好车，然后就在那儿观望。我们每次都看上好几个小时，看着飞机在奥黑尔机场起落。我很好奇，飞机飞往哪儿，里面都坐着什么人，飞机能奇迹般地飞起来，这也让我惊叹不已。二战期间，我的父亲常常坐飞机，他喜欢在空中飞行的感觉，也乐意跟我调侃自己在欧洲和亚洲上空的悲惨历险记。

然而，在达拉斯的那个夜晚，坐飞机的兴奋感当然是减弱了。我不得不坐着轮椅穿行在机场，以前我可是跑着的——为此我不停地告诉自己，这也许只是一种糟糕的病毒而已。这可真让人尴尬啊。

我能感觉到史黛西如猎鹰一般守护着我，好在这只是短途飞行，一路上平安无事。等我们一返回亚特兰大，我就求她载我回家。我很想在自己家的床上躺一躺。她起先反对，但是我向她保证，第二天一大早就去医院，她便很不情愿地开车回到亚特兰大以北 30 英里处我们位于坎顿的家，此时已是大约凌晨两点了。下车走进家门这件事对我来说已经非常吃力，所以我肯定没有力气再爬一层层的楼梯去我们的卧室。于是，史黛西搀扶着我的胳膊，带我去了楼下的客房。然后，我就直接躺在了被子上面。我这辈子还从来没有过如此疲乏无力的感觉。尽管之前已经住了 48 小时的医院，但我依然坚信，自己只需要在家里舒舒服服地睡上一觉，就会安然无恙的。

一闭上眼睛，我就感觉房间在旋转。我能感觉到自己浑身汗津津的，也能听到自己的心跳声。不过这状况感觉也不是特别糟，最糟糕的是我看到了自己的灵魂。

我不是一个有虔诚宗教信仰的人，但是那一刻，当我闭上双眼时，我看到自己的脸、看到自己的身体在床上方飘浮着，身穿宽松下垂的白色衬衫和裤子。我抬起一只胳膊，伸手去抓它，似乎想把它拉回我的体内，但是不管我多努力，都抓不到它。这种感觉就好像我在使劲徒手抓一只蝴蝶，可无论我多用力，我的胳膊抡得多快，还是抓不到它。那灵魂就是我，目睹自己的灵魂与身体分离是一种既痛心又恐怖的经历。

我睁开双眼，浑身冒冷汗。

“亲爱的！亲爱的！”我尖叫道，这是我对史黛西的爱称。她在我身旁睡着了。我给她讲了自己梦中的幻象。

在这最最艰难的时刻，她流着泪拥抱我、恳求我。“求你不要离开我。”说这话之前，她还斩钉截铁地说，“咱们要携起手来一起抗癌。”

“带我去医院吧！”我说道。

于是，史黛西急忙叫醒孩子们，抓起出院材料就走，而我此时也吃力地走到了车道上。我们驱车 1 英里到达她母亲家，妥善安置好孩子们，然后赶往亚特兰大市中心以北的皮尔德孟医院。抵达皮尔德孟医院后，她向所有乐意倾听的医护人员出示了达拉斯医院的病历并详细介绍了过去 72 小时我的病情，她甚至建议再给我输一次血。

“抱歉。”医生回答道，“输血的副作用和风险太大，我们不能对病情发展到这个阶段的患者进行输血，还是再做一些化验吧。”

化验。我开始痛恨这个字眼儿了。人人都想给我做化验！可为什么就是没有人告诉我到底是怎么回事呢？

那个星期天晚些的时候，医生吩咐第二天做骨髓活检，因为他担心我的白细胞计数太低。这是我首次听到骨髓活检的说法。

他给我解释说，人体既有积极制造红细胞的红骨髓，也有含有脂肪细胞的黄骨髓。我们的身体需要足量的各种骨髓以制造健康的血液以及健康的白细胞和红细胞。成年人身上的多数红骨髓存在于骨盆和胸骨这样的扁平骨头里。为了准确测定病人的骨髓值，医生们只有一个检测方法：直接从骨头里抽取骨髓。

我穿上医院的病号服，那位血液病医生和一名护士走进病房，向我解释操作步骤。他们小心翼翼地帮我翻身侧卧在病床上，清洁了我后背下方一小块地方，然后打了一针利多卡因以帮助麻醉，他们说那个部位有可能会有剧痛感。我抓住史黛西的手。

我记得，接下来我就感到一阵刺痛，然后是一股剧痛，再之后就是我从来没有体验过的那种锥心刺骨的痛了，因为这时候针头扎进了盆骨深处的中心部位。我疼得面部抽搐、尖叫，还冒出几句脏话。针一开始戳进去时很疼，但是远不及穿刺疼，医生确实是用穿刺抽我的骨髓，装满一瓶又一瓶。我能感觉到骨髓正从自己的身体里往外流。

大多数医院都有自己的检验室，检查结果需要 24 至 48 小时才能出来。因此我们知道，得等待结果。在那期间，医生们依然拒绝给我输血。

那个星期日的晚上，我给小克雷格打了电话，简单聊了几句。我告诉他，在达拉斯医院的病历上医生写了“疑似白血病”，我已经输了好几次血。大部分时间他只是听着，挂断电话后，我想，通话时间太短了。

我的一生向来都是终日忙忙碌碌。躺在病床上的我暗暗想，这样闲待着，孤零零地呆在医院里，真让我受不了。我跟史黛西开玩笑、看电视，能睡的时候就睡觉，以此打发时间。我心里惦记着被耽误的工作，牵挂着史黛西，也惦念我的孩子们。然而，虽然在遭遇“灵魂出窍”的克雷格之后，我特别惶恐不安，骨髓活检时又经历了巨大的痛苦，此时的我却出奇的平静。我想方设法地说服自己，我只是感染了某种病毒而已，等过几天病好了，啥事都没有，病毒什么的根本不值一提。不久以后，等到 NBA 常规赛季接近尾声时，我就会回归赛场。

至于史黛西，她立马忙了起来。她花费数小时时间用手机搜索可能的诊断及治疗方法，还给她母亲打了电话。她母亲任职于芝加哥的美国外科医师学会，对各方面的情况了解颇多。

那几天的等待是许许多多等待的日子里最难熬的。我等待护士们给我测血压，等待医生们查房，等待验血，然后等着取结果。

终于，4 月 17 日，星期四早晨，做活检的那位血液病医生走了进来，手拿一个写字夹板，面带微笑。

“好消息。”他笑眯眯地说道，“骨髓很干净。”

“太棒了！”史黛西说道，她的两手高高举起，做出胜利的手势，然后侧身在我头顶吻了一下。

“可能只是一种感染。我看的确没理由再让你留在这儿了。”医生接着说道，“我觉得今天就可以让你出院。我们接下来再观察观察你几天的情况吧。”

我要回家了。不仅如此，我还要及时赶回赛场边。史黛西打电话告诉她妈妈，我们要回家了，并且开始收拾我的衣服。当然啦，这里是医院，可能还需要几个小时我们才能办完所有手续，然后彻底出院。史黛西在精神抖擞地收拾我们的东西，她把病房查看了一遍又一遍，那舞蹈般的动作让我乐了好几个小时。

大约下午4点，门开了，又是那位血液病医生，这次他脸色阴沉。

“赛格先生。”他一脸严肃地说道，“抱歉，出了一个失误。你得的是白血病。”他解释说，他把活检标本除了送往皮埃德蒙检验室之外，也送到了埃默里大学医院，后者拥有极为先进的DNA测序技术。埃默里大学的诊断结果是白血病。

我朝史黛西看过去，她的眼神无比惊恐。

“我们这儿不是治疗白血病的专科医院。”医生接着说道，“所以你们得去埃默里或者北区医院治疗，我已经准备好救护车送你过去。”

埃默里大学医院和北区医院都是不错的医院。前者是家教学医院，拥有一批东南部最优秀的医生以及创新性的临床试验，我知道一些朋友，包括特纳的同仁厄尼·约翰逊都在那里治疗过。但是埃默里大学医院在亚特兰大市中心，比北区医院远，我天真地认为，我的家人和朋友不会乐意开车跑那么远来探望我的，因此我坚决主张去北区医院接受其医护人员的诊治。

4 月 17 日傍晚，我躺在担架上，被一辆救护车送到北区医院。我仍记得躺在救护车里看到的一切——救护人员的面孔、输液管、几十台固定在车壁上的机器。我希望他们能载我回家，去看看我的孩子们。我平生第一次有了害怕的感觉。几天之内，我的整个世界都被颠覆了。我不知道未来等待我的是什么，我不知道白血病到底是怎么回事，我不知道自己还能不能回去工作。

从皮埃德蒙到北区医院 20 分钟的时间里，我可以通过救护车上两个小小的后窗看到外面。车行驶在高速公路上，史黛西一路开车尾随着我们。我想让她跟我一起坐救护车，但她还是自己开车去了，因为这样到医院后能有车可用。眼泪顺着我的脸颊流淌着，我从救护车里向她飞吻、挥手，但她对此毫无反应。这一幕让我倍感孤单、害怕。我难过极了，等我们到达北区医院，我立刻问史黛西，她为什么不回应我。她解释说，救护车窗外的玻璃是茶色的，她根本看不到车里的情况。没有眼泪，没有笑声，我的心里只有萦绕不去的莫名恐慌。

刚到医院，我就被直接推到楼上的血液与骨髓移植隔离层。对此我的第一反应是：坐牢。

血液与骨髓移植隔离层的患者们健康状况都非常糟，免疫系统很弱，哪怕最微小的致病菌都足以带来致命的后果。该楼层拥有自己的空调过滤系统，36 个病房每一个都可以被密封起来。不能有鲜花，不能有气球——这里杜绝一切可能带来致病菌的东西。要进入该楼层，你就必须彻底清洗双手，换上干净的病号服、口罩、护士帽、鞋套以及乳胶手套。你大概能猜到，获准进入该楼层的人极少，只许患者、挑选出来的医护人员入内。对访客也有限制，这里禁止 12 岁以下的孩子，包括赖利和瑞安来探视。

我和史黛西在角落里一间带有一扇窗户的宽敞房间里焦急地等待着，看着护士们进进出出，记录我的生命体征——体温、血压等。

“等你们安顿好，我们会逐项给你做检查。”一位护士说道，“不过还是放松一些吧，你至少要在我们这里住 30 天的。”她直截了当地说道——我差点儿忽略了这个事实。

30 天?

这就像一个有罪的裁决，把一个无辜的人以“莫须有”的罪名判监入狱。我就是莫名其妙地无辜受罚了。

“赛格先生。”上午 11 点半，一位一身白衣的人走进病房，冲我伸出一只手，说道:“我是霍兰德医生。”他握了握史黛西的手，然后转入正题。“我们要马上开始给你治疗，也就是说我们必须开始进行一个疗程的化疗，争取能对你的病有一定疗效。”他说着停顿了一下，“你的多项指标都不好。”

“医生。”我看了一眼史黛西，脱口而出，“我想回家待一晚，想看看我的孩子们。”我还没有做好立刻化疗、被困守病房 30 天的思想准备。

霍兰德医生看了看我，一脸困惑，然后将目光转向史黛西，仿佛在寻求支持，他认为我企图离开医院的想法太疯狂了。

“赛格先生，你要搞清楚，我们已经把所有准备工作都做好了，你必须现在就开始治疗。我不能强迫你留下，但是如果你现在离开，之后我们又得把所有程序重新走一遍。”

“我要回家。”我固执地坚持道，“我不想在这儿过夜。”

医生看到说服不了我，态度便缓和下来。于是，我答应第二天一大清早就回医院开始治疗。虽然只能离开医院几个小时，然而对我来说，回到家里和史黛西、赖利以及瑞安度过的每一分钟都非常宝贵。

一片静谧的深夜里，我和史黛西在亚特兰大昏暗的高速路上驱车奔向家里。

“我绝对不会在医院住 30 天。”我打破寂静说道，“只要住

19 天我就能出院。”

当我们将车开进自家车道时，我感觉身体好些了——是几乎都痊愈了，我又有了力气。然而这正是让我困惑之处，明明自我感觉还好，状态也不错，可这可恶的疾病却寄居在我的体内。

几小时前，当小克雷格在推特上向外界公布了我的病情后，我的电话立刻无休止地响个不停。对于是否公布我的病情，他没有征求我的意见，甚至也没有告知我公布病情的事。不过在某种程度上说，将我的病情公之于众倒让我心里踏实了。这样一来，我便不用再故作一切安好，为缺席赛事编造借口了。

我和史黛西睡了几小时，第二天早起为孩子们上学做好准备。我和瑞安、赖利坐在餐桌旁，我跟他们坦白了病情。他们的爸爸病了，要去医院治疗几个星期，但是他们不能来探视。孩子们习惯了我经常一连几周出差在外的生活，所以他们对这消息的反应就好像以为我又要出差一样。当时我觉得，对于我所说的事，这两个分别为 7 岁和 9 岁的孩子可能并不完全明白其中的严重性——但是坦白地说，我也不完全明白自己所说的。

“那意思是说你不能来吃午饭了？”瑞安问道，他首先想到的是我们一起在学校吃午饭这个每周一次的惯例。我的心都碎了。

我和史黛西开了半英里车，送孩子们到学校。下车后，我用尽浑身力气紧紧拥抱他们俩。我不知道，什么时候我还能再次拥抱他们。为了他们，我也要勇敢起来，住院似乎也没什么大不了的。等他们走开时，眼泪不仅从我眼中夺眶而出，而且顺着我的脸颊流淌而下。我看了看史黛西，她也在哭。

希望满怀

4 月 18 日一大清早，我们就履行诺言，来到北区医院。让我大吃一惊的是，医院里的患者非常多。候诊室里人满为患，病房全部满员，到处都是患者。我们上楼，来到血液与骨髓移植隔离层。电梯门开了，我深吸一口气，跟随史黛西走了出来。

第一天有点儿让人发懵。我吃力地穿行于消毒室，首先量血压和体温，然后又做了一个非常疼的骨髓活检，再后来抽血。我起初还很想知道情况怎么样，到最后就死心塌地充当人体针垫和碰撞测试的假人了，还静心读医院给我们的手册，上面写着“急性骨髓性白血病新手必读”。

太有用了。

简言之，白血病就是骨髓癌。当我们还是母亲子宫里的胎儿时，我们的脾脏及肝脏会制造健康的红细胞、白细胞以及血小板，等我们出生后，骨髓便接过了造血的功能。红细胞是人体极为关键的成分，因为它们为我们的身体提供氧气与营养，血小板则帮助血液凝结、伤口治愈。一个健康的成人在任何既定的时间都拥有 150 000 至 450 000 个血小板，每微升有 4 500 至 11 000 个白细胞以及 4 500 000 至 6 000 000 个红细胞。

白血病会破坏血液系统，而我得的急性骨髓性白血病的直接危害是使健康血细胞急剧减少。急性骨髓性白血病通常在几周内形成，初期最明显的症状是疲乏、发烧、大出血。治疗急性骨髓性白血病的方法只有干细胞移植，即使这样，治愈的概率也不大。食品与药物管理局批准的该病所有的新疗法都已经应用了 30 多年。

那么，是什么引发了急性骨髓性白血病呢？医生们目前也不得而知。有人认为接触化学成分苯——一种香烟的副产品，能引发此病。但是我们已经确知急性骨髓性白血病在患者身上的一贯恶行：症状总是在变化，不断地发生突变。每当医生们觉得他们发现了扼杀或延缓病情的合适药物时，它就改变其组织形态，重新杀回来。化疗的攻击目标是特定的某个部位，可是过一阵子那个部位就渐渐对化疗效果产生了免疫，恶性循环便周而复始。结果，大多数急性骨髓性白血病患者在晚期阶段会因感染、失血、大出血，或者心肺系统衰竭而死。

我从医疗资料中看到了一条正面消息，北区医院的急性骨髓性白血病患者一年的存活率为 100%，名列全国第一。这可是我乐见的统计数据。但是急性骨髓性白血病每年会夺走大约 1 万名男性和女性的生命，同时每年又会新增近 2 万病例，5 年存活率不足 25%。

“3 年存活率”是北区医院的医生们最初给我的时间。表面上说是 3 年，其实是有条件的，那就是我能得到有效的治疗、最好的护理，不能有感染，能够成功完成骨髓移植手术，且我的身体对化疗反应良好。

3 年，胡说八道。我心想，我要再活 30 年。

几星期后我要报道 NBA 季后赛，然后是美国职业高尔夫锦标赛，接下来是棒球季后赛。2014 年，我的工作日程表都已经排满了。

“否认”是一个滑稽的字眼儿。在某种程度上，我们全都活在否认状态之中。公平地说，虽然我也活在否认自己病情的状态中，但是我的斗士精神萌动了。我知道白血病是绝症，但是我从来没有想过会让它打败我或者像现在这样挑战我。然而眼下在我看来，我的内心更乐观，也更积极。

统计数据不过是数字而已，你可以选择性地挑你想看的看。我整个一生都在赌博，对胜算的概率我心中有数。我要赌上一切，不管是高尔夫球的一杆入洞、一局钓鱼游戏，还是 5 分钟内能喝的啤酒量。想到这些，我又感觉自己焕发了活力。众所周知，我能横穿全国，不远千里，飞到拉斯维加斯掷骰子下注，然后赶回家吃晚饭。事实上，在我职业生涯的大部分时间，我都要求，任何时候只要我飞到密西西比河以西的地方，就要在拉斯维加斯作短暂的停留。

有时候，我分不清现实主义者与悲观主义者的区别。因此每当有悲观主义者或现实主义者告诉我白血病的存活概率很低时，我都会想到史黛西。回想当年，我这个 50 岁出头，有 3 个孩子的离婚男人的胜算率有多大呢？有一次，凯文·加内特说我就像一个圣诞装饰品，居然俘获了一位女士的芳心，如果你撞大运遇到这位女士的话，就会发现她的内心比外表更美。如果说曾几何时，我很感恩自己遗传了母亲那种尽情享受生活的性情，那么此刻的我便充满了这样的感恩之情。

我赌上了自己。

于是，怀抱那样的乐观心态与决心，我在一个处于角落的房间里开始了为期 5 天的化疗，与白血病抗争。大多数成人都听说过化疗的恐怖故事及其副作用——恶心、呕吐、脱发、体重减轻——我对自己将面对的情况一清二楚。有趣的是，“做化疗”实际上就是在你的一只胳膊上输液。化疗药就是一种多种药物的混合剂，其中有些是带有毒性的，医生们用它来杀掉白血病细胞。令人吃惊的是，最初几天——事实上，整个抗癌期间——很多副作用并没有降临在我身上。我真是够幸运的，没有恶心，也没有呕吐，不过在做了一些大剂量的化疗之后，出现了脱发的情况。

最初几天，史黛西恶补了一通有关癌症的知识，向医生及护士们提问，电话咨询她认识的、不认识的医生，花费数小时搜寻各种治疗方法以及试验性药品。她认为，几乎所有领域的医生对他们能接触到的各种治疗方案的皮毛都知之甚少。她向来坚持认为，对于健康问题，一定要有多种治疗方案。我从来没有对自己的病情追根究底或者探寻未来境遇的冲动——这很有讽刺意味，对此我也心知肚明。我一生可都是好奇心十足，而且我的职业又将我培养得喜欢刨根问底。或许，这是因为我还处于否认状态。或许是因为我觉得，只要史黛西了解情况就好？我只是好奇，医生们想让我怎么做身体才能好转。我希望能活着看到瑞安在温布尔登国际网球锦标赛上夺冠，看到赖利发明出下一项创新技术；我想带克丽斯塔走上婚礼的红毯，想看小克雷格和凯西创作出鼎鼎大作；我想还能有许许多多日子与史黛西共度，我想回到赛场见证载入史册的重大赛事。

最初几天，当我的 3 个成年孩子来看我时，我倍感振奋。我摆出一副刚强的姿态，因为他们不习惯看到自己父亲脆弱的样子。我努力将话题转向他们的工作或体育运动，但是我从他们的面部表情看得出，他们心神不定。对此他们并未察觉。但是当孩子们走出我的病房时，我看到女儿们的眼泪夺眶而出，心痛不已。目睹孩子们的痛苦与担心，我难过极了。

住院之初的几天里，马夫·阿尔伯特、查尔斯·巴克利、厄尼·约翰逊以及肯尼·史密斯纷纷来北区医院探望我，当然都按要求穿了防护服及配套装备——长款病号服、鞋套、口罩、手套以及护士帽——所有这些穿在查尔斯身上显得格外滑稽。从菲尔·米克尔森到NBA总裁亚当·肖华，人人都发简讯、打电话给我，这使我精神振奋，凯文·加内特还送来一捧硕大的花束。我甚至还收到了一封小鸡队队员的来信。

亲爱的克雷格:

我和简希望借此卡片祝愿你在康复之路上一帆风顺。数以百万计的人爱着你，我们相信你能感受到这股暖流。

你拥有无穷无尽的毅力！既然如此，我的朋友，那么就穿上你那些外套，证明给我们看吧！克雷格，这就是你夺冠的时刻。不久的将来，波波教练会为此采访你。

克雷格，我们爱你。

泰德、简·基努拉斯夫妇

泰德是第一批圣地亚哥小鸡队球员。

但是，要说最初几周我收到的最令我吃惊、最打动我的深情厚意，不是来自同事或朋友，而是来自与我同名同姓的人。

开启新的生活常态

小克雷格·赛格　撰

追踪我父亲的工作日程表是赛格家的人与生俱来的本领。在报道全国范围内时断时续的巡回赛空档期间，他临时回家一趟是每周一次的游戏，而且这取决于我们能挤出多少时间。我们每天都在争分夺秒地与时间赛跑，不过 4 月有别于平常。4 月初，美国大学生篮球联赛结束时，我们有一周的黄金时间可以团聚，可以详细计划后面两个半月的日程，可以往衣橱里添置新衣，因为 NBA 的季后赛即将开始。

电话总能将他的世界与我的世界连接起来，多年来我们连普通的交谈都越来越少，彼此以光速传递着约定俗成、言简意赅的行话。我们可以把彼此数周的生活变为在电梯间里的信息交流，对此只有另一位赛格有能耐理解和重新整合。我们简明扼要地用一句话交流前一晚看过的比赛。我们无需上下文线索即可理解一个故事的幽默成分或言下之意。听到电话的第二声响铃，凭借打来的时间，我就能猜到他大概是从哪儿打的电话，由此我还可以推断，他正在报道哪一场比赛，而且心里很清楚，自己需要在上次交流之后再给他更新哪些信息。

后来我接到了那个电话，于是一切都变了。

在 2014 年全美大学生体育协会全国冠军赛上，沙巴兹・纳皮尔加盟康涅狄格爱斯基摩犬队，击败了肯塔基州队，这场赛事已经过去了近一个星期。我期待着爸爸能在 10 号的达拉斯 NBA 赛后回家，或者至少已经在回家的路上了。然而，眼下 3 天已经过去了。到了星期天，就是高尔夫球锦标赛的日子，7 天后又是季后赛。冲到电视前看完布巴・沃森在奥古斯塔蝉联冠军时打进的最后一洞，我的女朋友忧心忡忡地看了我一眼，说道："你得给你爸爸打个电话。不知道怎么回事，我有一种不祥的预感。"

我像看神经病一样瞥了她一眼。那天早些时候我才给他打过电话，还收到他的语音留言，没什么可担心的。"电话捉人"是我们家人的另一项与生俱来的本领。我提醒她，爸爸也在看我们看的这场比赛，等布巴穿上了绿夹克，我就给他打电话。然而，几分钟后，我的电话响了。本以为他打电话要告诉我自己对布巴获胜的实时反馈，不曾想却听到他说："我在达拉斯医院住了 3 天，今天刚转到了皮埃德蒙医院。"

我只记得他还说了"可能是白血病"以及"我已经输了 6 次血"。听到"白血病"这个字眼儿从我父亲嘴里说出来，就好像腹部挨了一拳。我觉得天旋地转，无法喘息。我知道白血病就是血癌，是一种致命的绝症，听说他已经输了 6 次血，我意识到病情应该很严重。我人生中从未见过父亲去医院，更不用说听他提到身体有什么问题了。他的身体异常，还坚持每天跑数英里。我们竟然都不知道？

我冲到医院去看他。当我急匆匆穿过走廊，数着在我旁边飞逝而过的病房号码时，我满脑子想的都是他的身体各方面状况一定很不好。

当我打开半掩的门，那一幕如同一道闪电一般击中了我。我第一次望见父亲躺在床上，心痛不已。我说不清到底是他生病住院这事儿，还是他虚弱不堪的样子更让我心烦意乱。我深知，这些症状背后可能隐藏着更大的危险，这让我感觉更难受。我走到他床前，轻轻抱了他一下，因为怕不小心把他身上插着的各种管子弄掉。我动用了自己所有的感官，希望找到一条线索，让我知道下一步该怎么做，我能做什么。

爸爸立刻开启了他的克里夫笔记版的回归佐治亚州之旅，讲起了他此行的所见所闻。我有无数个问题想问，却拿不定主意，是把所有问题都问个遍，还是等以后再问。

我人生的大部分时间都是在我们共建的快节奏生活框架里度过的，总有一个接一个的比赛让我们欢欣鼓舞。赛季永无休止，比赛周期总比我们领先一步。变幻莫测的体育世界就是我的生理节律。然而此刻的我身处未知的现实世界中，全然没有往日的状态。

他指了指灯光昏暗的病房角落上方的电视。自从踏进病房，我根本没有留意电视里的内容，这时我才发现是“周日晚间棒球”节目在播放扬基队和红袜队的比赛，他马上让我追看最后两局。

自我接受他只聊体育的提议那一刻起，本来凝重的氛围舒缓了。不过那也只是一场我毫无兴趣的比赛而已，而我深知，这场闲聊对我们俩来说意义重大。我们一直看到他开始打盹儿为止，离开病房时我明白了，不管发生什么，体育终会一路伴随我们。

接下来的 3 天，我们在等待所有可界定父亲白血病严重程度的指标以及后续治疗方案。一场比赛要是没有计划就等同于做一个意气用事的危险动作，就等同于一个消极想法，等同于自己甘愿沦落于诸多推测与最坏的状况之中。刚上大学时，我的两位姨妈便因癌症去世，如今一个放大镜又将那脆弱的伤疤放大。我和姐姐们同心同德，彼此之间建立起一条积极的扶持纽带，但是眼下有太多的未知数，要坚守这种心态难度很大。

自星期天得知诊断结果起，我一直在想即将到来的 NBA 季后赛，那是爸爸闪耀登场、发光发热的场合。面对严酷的现实，我居然还在担忧他的工作，这似乎有点奇怪，但是我深知，对爸爸来说，这工作不单单是一份工作——那是他赖以呼吸的空气。对我来说，让他放弃工作的想法简直比白血病还可怕。正是爸爸对体育运动的喜爱、他的活力以及不懈追求新鲜刺激的热望，支撑着他继续努力，以至于年富力强的我竟然都跟不上他的节奏。他一心扑在这项事业上，如今却要错过这一年中最激动人心的重大赛事，真不知道，我该怎么做才能让他好受一些。

星期四傍晚，他打来电话跟我商量初步的治疗方案。我松了一口气，但是这也提醒我，面前还有漫漫长路要走。第二天早晨，他就要在北区医院开始为期 3 ~ 6 周的化疗。医院离我的办公室只有几分钟车程。从他的声音与话语间，我听得出，真的要直面现实了，他信心十足，给自己确立了一个新的奋斗目标。我向他保证，早上我会去医院看他，然后就挂了电话。我再一次放弃了一个机会，没有告诉他我想说的所有心里话。不聊我的种种忧虑显然是最佳策略，但是需要等待 4 天，我觉得自己唯一的贡献就是担忧，就是出现在他身旁。我想为他做更多的事。

3 ~ 6 周的化疗计划已被确认，他将错过所有的季后赛，这让我看到了未来将要面对的情形。那个晚上我的愿望是，能有特纳广播公司的人打来电话，让我填补他的空白。我想让克雷格·赛格这个名字在季后赛的某一刻出现，以使他的季后赛报道记录不中断。尽管我本身是作家兼编辑，但是我没有直播经历。无论男女，但凡思维正常的人都不会信任我，让我去做这件痴心妄想的事情。连我自己都不相信自己能担此重任。然而，我多么渴望能在某个时刻参与其中，当一天真正的克雷格·赛格啊！

我目不转睛地望着自己工作台上放着的那张照片，那是 1989 年我和他共同“主持”《深度解读 NBA》时的合照。那是我第一次，也是唯一一次在电视上露面。当时，他简要地报道了晚上的活动，而我抱着一个篮球坐在高脚椅里，一边还大嚼 M&M 牌巧克力豆，那是我的母亲为了让我不哭闹，偷偷从主播台下面放到高脚椅盘里的。这些年，每当他离家启程去报道下一场赛事时，我的脑海里就一再浮现这个画面。我想象着未来的某个时刻，将有两位赛格家的男士并肩工作。那个画面描绘了我自认为天生注定要追求的生活。这张照片陪我经历了无数个不眠之夜，陪我在空荡荡的办公室里挑灯夜战，陪我半夜三更长途驱车从高中的体育馆回家。

我要做的决定很艰难。我不希望因为爸爸缺席季后赛而让外界猜疑他出了什么问题。现实情况令人心痛，可是又让人无法回避。我暗自思忖，我一定能找到解决的办法。如果媒体先得知他缺席的消息，那谣言会如同野火一般散播开来。我决定行动起来，于是在推特上写了一段话，并附上一幅幅我和姐姐跟随父亲现身于赛场的生活照——

明天，我爸爸将开始为期 3 ~ 4 周的急性骨髓性白血病化疗。让我们大家挂念着他，祝福他早日回归赛场。

一个多小时的时间里，我两眼一直盯着手机，在房子里来回踱步，绞尽脑汁地想，自己该不该按“发送”键。我对新闻在社交媒体上的传播速度略知一二。长期以来，我很害怕那种裙带关系，它可能会掩盖我多年来的努力付出，也让我怀疑，自己是否应该提前介入这段前途未卜的历程。我扪心自问：“假如爸爸是我，他会怎么做呢？”晚上 7 点 46 分，我发送了消息。

我觉得自己有责任去面对将会令特纳的员工们以及体育界媒体人士措手不及的一大堆问题。那时，我的推特帐户是唯一的信息来源，发送这条信息像是要玩一场危险的游戏。然而，我们迎来的并非是之前料想的对于个人权位利益的攻击，而是排山倒海般的热情支持。体育界携手同心，组成了这位世上最执着的体育迷的坚强后盾。第二天早晨，他带着诸多支持以及超乎我们所有人想象的劲头，毅然决然地开始了化疗。

父亲第一天的治疗带来了又一波出人意料的状况。他患病的消息已经散布出去了，眼下我的焦点转回到我应当承担的角色上了。要让父亲长期远离自己这种想法当然太不可理喻，不过我也不习惯于随时随地准确掌握他所在的位置。我很想知道，如今发生的这一切对我们的关系会产生怎样的影响。为工作牺牲家人团聚的时间无可厚非——我们全家都为这样的想法感到内疚。莫非这是我们的重置键，借此可以找到一种全新的生活方式？我终于能赶上爸爸的节奏了。我可以和他一起看NBA季后赛，实时利用他的相关知识。我们可以享受以前因为忙碌而无暇享受的父子时光。也许由此会萌生积极有效的东西——这可是我唯一的渴望。

抵达骨髓移植隔离层后，我便进入了让爸爸完全与世隔绝、无法施展抱负的消毒走廊。空气中弥漫的洗手液与乳液的混合味提醒我，医院是多么让人不舒服。我深吸了一口充斥着消毒液味道的空气，让它溢满我的胸膛。“闯关”时刻到了。我伸手去拿了一摞蓝色病号服，然后穿上配套的鞋套。系好病号服后，我就踏进了第一道门。我准确无误地戴好医用口罩，完成清单要求，迈步朝着将我和父亲隔离开来的第二道双层门走去。这时绿灯冲我亮了，我按了按一个金属条，门缓缓打开，面前是一条快速通道，护士、医生以及患者们各自忙碌着。

我环顾周围，发现面前是一面与白血病有关的信息资料墙，旁边是家属等候室。乍一读那些资料，我大吃一惊，蓦然醒悟。我对该病的复杂性所知太少，不知该花多少时间和精力才能纠正自己在医疗方面的无知？我一路走到该楼层最里面的角落里，等待我的是他那间有多扇窗户的宽敞病房。

爸爸抬起胳膊，跟我碰碰拳头，又做了一个“咱们行动吧”的手势。他一门心思要战胜白血病，要持守乐观态度，要回归赛场。我能感受到本周早些时候自己本已衰竭的力量和决心。他的状态又回来了。

自我进入病房后，紧接着特纳的人才关系副总裁塔拉·奥古斯特来探望父亲。她先放下一大摞杂志，然后，感叹他居然收获了那么多的鼓励和支持，实在太棒了。她拿出手机，让爸爸观看一个详细介绍他大胆无畏的个性以及乐观生活态度的短片。这是前晚我发了推特之后基斯·欧博曼特别制作的一个节目，节目的结束语是“白血病选错了对手”。

他是第一次观看这个短片。在他看的时候，我和塔拉都泪流满面。录像播放过程中，他笑得越来越灿烂，笑到最后，还听到了那句我们期待他听到的戏剧性结束语。

“哇！”他大叫道，然后跳起来，又在房间里绕了一圈，举手跟每个人击掌。这喜悦只持续了片刻，因为这时一位医生走了进来，接下来要开始一小时的治疗，他要求我们在这期间待在病房的外边。

塔拉在走廊里跟我碰面了。

“我们有个想法。”她说道，“你愿意明天去圣安东尼奥，在星期天的比赛中代替你父亲采访波波维奇教练吗？”

“这可是我求之不得的。”我坦诚地回答道，心里则吃惊极了。

她打电话给马刺队，我听到她问波波维奇，能否星期天早上在中午 1 点与达拉斯小牛队跳球前接受采访。等他回答了“可以”后，塔拉冲我点点头，竖起了大拇指。

“别担心。”塔拉安抚我道，“我们会录音，这样就可以后期编辑，需要的话我们还可以重新录。这件事要对你父亲保密。”特纳想给他一个惊喜，让他振奋精神。

回到病房时，我竭力隐藏我的慌张、兴奋以及紧张不安。又过了几分钟，我不动声色地告诉他，这周末他还会见到我的，然后就跟他说了再见。当天下午，塔拉发邮件通知我航班信息，并且告诉我，出发那天一大早，她会派一辆车来接我。接下来我将面对的，是一个地地道道的赛格式难题。

我要穿什么衣服呢？

当晚，我驱车前往爸爸在坎顿的家去挑选外套。对于他要穿什么衣服去参加赛事，我从来都无法预知。他的穿衣风格都是他个人独创，每次他露面，我和其他人一样都大吃一惊。他的衣帽间里有90多件花花绿绿的短外套，领带貌似有400多条，衬衫的数量之多简直让我数不胜数，色调、质地以及图案五花八门、应有尽有。我把所有服装混在一起进行搭配，想方设法找出介于他现在的风格与他跟我同龄时的着装风格之间的搭配风格。我坐在衣帽间的地板上，周围全是衣服。

我记得他之前穿过的所有服装的搭配，我想找点新花样。最后，我找到一件还挂着标签的外套。他直播时穿的衣服从来不重样，这倒让我有机会替他试穿一件新外套。这件衣服是炭灰色的，带有栗色和橙色方格图案，俨然是我那简单朴素的时尚感与他的时尚感的完美结合。我有一条售价9美元的栗色天鹅绒时髦裤子，如此一来，我就搞定了服装。

星期六飞抵圣安东尼奥后，我便立刻出席了与克雷格·西尔韦及其他工作人员的制作会。我们制定了节目计划，交流了在分享我爸爸的故事时我与波波维奇教练如何落座的细节问题。我竭尽全力掩饰自己的紧张与不安。我也不得不说服他们，我对自己那一头蓬乱的红发自有打算——我的头发已经有一年多没有修剪过了。同时，我对大家给我的称呼，像“托尔神”和“老姜克雷·马休斯”之类的，已习以为常，也开心接纳，不过我想尽可能地让自己那头齐肩发深藏不露。我告诉工作人员们不要担心，我坚信自己能想出办法来。

制作会后，我径直朝滨河步道（即帕塞欧·迪尔·里约步道）走去，那是一条长达 5 英里、沿圣安东尼奥河岸伸展开来的公共步道，旁边布满了餐馆、酒吧以及商店。我们的首次父子游，就是来圣安东尼奥参加 2003 年的西部决赛。当时我还是个少年，就立刻喜欢上了这座城市。9 年之后，我们俩回到阿拉莫城参加 2012 年的西部决赛，我第一次以成年人的身份踏上滨河步道。我还记得所有我们光顾过的酒吧。我一直走到我们的首选地——“疯狗”酒吧，重温父亲 25 岁时报道季后赛的种种过往。

当晚，我给自己点了第一杯百威淡啤，让自己沉浸在现场音乐和欢声笑语之中。后来，我回到了圣安东尼奥，又在滨河步道尽情玩乐。我想要打电话给爸爸，告诉他这一切，但是还没等我伸手去拿电话，便蓦然想起自己正在参与一项秘密行动。生平第一次，我意识到，假如我无法给他打电话，那生活将会是怎么样。这种感觉如此真实。我觉得空落落的，浑身发疼，感觉自己仿佛坠入了海底。那个夜晚，我找不到可以分享自己感受的人，这让我有种前所未有的孤独感。但是我心里很清楚，自己马上要面对的是人生中最重要的一天，于是努力让自己不再分心。

第二天早上，我有事要做，醒来后便直接到滨河步道跑步，爸爸在比赛前的每天早晨都这样做。幸好，这是一场复活节的跳球赛。

在启程去 AT&T 中心之前，我只有几小时令人紧张不安的时间。我开始整装待发，第一次尝试把自己的头发绑成马尾。父亲向来不喜欢我的头发，而且每天至少有一个人会劝我把头发剪了。我想把头发捐给癌症病人以纪念我过世的姨妈们，为了实现此愿望，我还要耐心等头发长长，所以眼下剪掉头发并非一个好的选择。当然，我也从来没有期待过不久后的某一时刻能出现在电视上。我拿出离家前顺手从浴室里拿的两根皮筋，为了把胳膊伸到后背绑一个完美的马尾辫，我浑然不知自己全身的肌肉和肌腱都绷紧了。我的胳膊发烫，还要确保在下面的 5 个小时里不让任何东西触碰我的头，同时也不能突然转头。从此，我对女性必须要处理的这一问题有了全新的认识。

我已经整装待发，下楼到酒店大厅后，和雷吉 · 米勒跳进一辆车里。他也搭车去体育馆，为这场比赛的现场解说助力。

“哇，塞基斯，太棒了，我喜欢你这身衣服！”雷吉大笑着说道。看到我的打扮，他叫出了我爸爸的绰号。

我们在早上 10 点前抵达体育场，比我和波波维奇的座谈时间提前了 30 分钟。我不知道将会面对什么情况，甚至不知道我们要谈什么，因为比赛尚未开场。

采访前，我在走廊上站了一会儿，其间有一个摄制组正在做架设机器的准备工作，波波维奇走到拐角处时，他们开始推第二台摄像机。事实上，和波波维奇交谈是我唯一不担心的。我一直对他充满了敬畏感，我的家人崇拜他，而很久以前在大学橄榄球队打球的经历打消了我对所有专横跋扈教练的恐惧感。

我觉得自己就像一个参选“谁想成为百万富翁”的选手。只是这里没有 100 万美金，没有能让我避免在国家级电视台上表现得如同白痴的救生索。

波波维奇走出他的办公室，做了自我介绍。眼前的他比我想象中高大很多，我们彼此打招呼时，他用一只强劲有力的手握了握我的手。他向工作人员提出，想跟我单独聊一小会儿，于是我紧随其后，进入他的办公室。他关上门，我们在他的办公桌旁面对面坐下了。

“克雷格，我想让你知道我有多么尊敬你的爸爸。”他打开了话匣子，接下来还详细讲述了他是多么赞赏我的父亲，后来还给了我一个教诲。

“一个人如果忽视自己应该承担的责任，那他也无法照顾自己身边的人。需要你做的事一定要去做。”

然后，他俯身递给我一封手写信，想让我回家后转交给爸爸。

此时，我满脑子想的都是什么时候才能结束这场采访。

“哦，我不想录播这场采访。”波波维奇坦诚地说道，“这没意思。第三节比赛结束之后实况转播吧，照你爸爸以前的方式做就行。”

这是波波维奇本人的独家想法，在我与特纳的讨论中从未被提到过。这么说，我要实实在在地填补我父亲的空缺了，而且是波波维奇的提议。肯定会很特别，但是……等一下，这可是在国家电视台上的实况转播！采访的最初意图只是为了表达对我父亲的敬意，如今却成了我的一大机遇，实现了我毕生的理想，也让我的人生从此发生了质变。

虽然心里很紧张，但我还是答应了，然后我和波波维奇互相拥抱了一下。

当我们离开他的办公室时，我告诉摄制组计划更改了，大家大吃一惊。我不知道自己是否有权接受波波维奇的提议，但是与我并肩作战的人是谁，这一点我铭记在心。

于是，早在跳球开始之前，最初的计划被这个提议所取代。比赛期间，我本来应当坐在看台上，而不是新闻记者席，现在计划有变，那么第三节比赛开场时我就要从看台下到赛场，与边线记者杰米·马吉奥坐在一起，他也要确保我留在安排好的位置上，以便让我“一鸣惊人”。

在特纳有线电视网的赛前节目播放期间，主持人兼好友厄尼·约翰逊预告了我即将在比赛期间露面的消息。那时，我们并不知道我父亲是否在看电视，但我估计他会看的。随着比赛的进行，我变得越来越紧张不安。我到底在干什么呢？然而我想到了自己从父亲那里学到的所有教诲，想到他那积极开动脑筋解决问题以及追求与众不同的态度。接着，我想到假如换作他，他会如何处理这种情况。他肯定会找到方法解决的，那么我也应当这样做。

当第三节比赛结束时，我站在篮筐下面，准备跑到地板上杰米指给我的位置，我应该在那里与波波维奇教练会合。杰米要按照转播车的指令说几句开场白，然后再把话筒递过来由我掌控。喇叭响了，我避开电线、啦啦队以及四周的嘈杂，冲到了指定的位置。波波维奇走了过来，看到杰米他很吃惊。

“我想应该是小赛格做采访吧？”

“是他做。”杰米回答道，“我们会把话筒转给他。”

“算啦，现在就把话筒给他吧！”他命令道，“没必要把事儿弄得那么复杂。”

我接过话筒，然后等待有人给我提示，好知道到底该怎么办。我目不转睛地盯着摄像机，不知道什么时候开始说话，要不就是我已经在实况转播的电视上了？我没戴耳机，听不到转播车给我的提示。只有我和波波维奇一起站在那儿，站在似乎在我周围盘旋的暴风眼之中。“5 秒。”杰米在摄像机镜头外提示道。我开始倒计时。外部的喧嚣让我很难集中注意力。

“圣安东尼奥的比赛打成了平局。”我开口说道，此时波波维奇正笑嘻嘻地注视着我。望着他的脸，我的心踏实了，心里一阵欢喜。我收回注意力，微微一笑，马上发问：“您好！很高兴见到您。”

“到目前为止，您如何评价您球队的表现？”我抛出了第一个问题，“第四节您要怎么做才能终止这种局面？”这是我的第二个问题。

波波维奇对我很温和，认真地回答了我的问题，而我只是全力让手保持稳定，不让话筒晃动。我的双脚紧张得发抖，双腿也抖了起来。之后，波波维奇直视着摄像机。

“克雷格，我们想念你。长期以来，你都是 NBA 每一场比赛中非常重要的一员，你做得非常棒。我们希望你的屁股能坐回赛场，我保证以后会好好对你。”

他拍拍我的肩膀，告诉我：“你的表现非常棒。”几秒钟后，他又坐回长凳指挥他的球队去了。

我还在回味刚刚发生的一切时，却被告知要清场了。我抬头眺望人头攒动的体育馆，回味自己脑海里捕捉到的瞬间。我非常珍惜代替父亲所迈出的每一步，这是一次难能可贵的经历。在整个职业生涯里，爸爸都是大胆无畏地直面一个个重要的时刻，完成一次次重大的采访。如今我也经历了一次。

波波维奇

格雷格·波波维奇从未真正喜欢过新闻媒体，他出席赛前、赛后新闻发布会，接受采访只是因为NBA的强制命令——即使这样，他的回应往往也只是皱一下眉头，或者最多用一两个字作答。如今他又被迫接受比赛中场的采访，你可以想象他有多“喜欢”那些采访。

我对他的那些赛后采访成为了传奇，因为波波维奇的身体语言以及他对我的提问以黑脸回应，让我们的关系变得紧张起来。2003年，我在波多黎各报道奥运会选拔赛，波波维奇是球队的助理教练，我们在酒店大厅不期而遇，大家彼此开了几句玩笑——我看得出，他不大有兴趣跟我聊天，但是我还是把他拽进了一场私人谈话里。

回首往事，也许当时我是把这次意外相遇当作一个破冰的好机会。我告诉他，我和他差一点儿成了美国空军学院的校友，只是当时录取我的是西点军校，并非科罗拉多斯普林斯，否则我就和他一样同为军校学员了。在我说话时，他勉为其难地嘴角上扬，挤出一点笑容，也慷慨地用 3 个字，有时是 4 个字回应。分手时，他冲我微微一笑，还握了一下我的手。我感觉这握手倒是出自真心。

数年后，在 2012—2013 赛季期间，我报道一场圣安东尼奥队与俄克拉何马城队的比赛，暂停时偷听到波波维奇在臭骂托尼・帕克。赛后直播时，我问帕克那是怎么回事。第二天，在 NBA 的教练和广播公司工作人员必须参加的碰头会上，波波维奇当着马夫·阿尔伯特和同事们的面大骂了我。因为我之前问了帕克被他臭骂的事儿，他骂我是“唯利是图的家伙”，还威胁说从此再也不会跟我说话。接着他又说，他以后绝不会跟马夫或我们的工作人员分享任何信息。

在比赛前的投篮练习间隙，波波维奇举行了他独家风格的媒体新闻发布会。我试图抓住他，抽一分钟的时间向他道歉，但是他不愿搭理我，于是我拿了张纸，潦草地写了几句道歉的话，在他出来时交给了他。他拿了过去，冲我做了一个波波维奇式的皱眉，然后扬长而去。

如今，2014 年，我躺在亚特兰大医院病床上，波波维奇再一次走进我的生活。我没有观看特纳有线电视网的赛前节目，所以我不知道小赛格会出镜，一直到看了中场休息时厄尼的节目预告才知道。这真让我难以置信。那个周末小赛格还在我的病房里，对我只字未提这档子事。但是震惊之余，身为父亲的我马上替他紧张起来。他提的问题合适吗？他有没有理解导演在耳机里的提示呢？波波维奇的态度好吗？

接下来的30分钟，我紧张极了。我知道第三节比赛结束时会有采访。我想事先给小赛格打个电话，但是却心有余而力不足。我正躺在病床上，身上插着输液管，化疗药物流入我的静脉，史黛西守在我身旁，记录我的身体反应。

我观看了采访，眼泪顺着我的面颊流淌着。小赛格的表现让我无比自豪，之前他可是完全没有直播经验的。但是，除此之外，他乐意替我出镜这件事已经让我感到无比骄傲。多年来，我第一次感到自己跟儿子如此亲近。

第二天，小赛格回到我这里时，递给我一个地址不详的密封信，寄信人地址上有一个马刺队的队徽。我用仅有的一点力气小心翼翼地打开信封。

克雷格:

我听说了你的情况，我想告诉你，在你治疗的过程中我们一直牵挂着你。这肯定不容易，我唯一的心愿是希望你坚持到底，战胜疾病。

在这段艰难时期，你的智力、竞争力以及幽默感一定会支撑着你不断努力。

最重要的一点，你的屁股一定要坐回你理应在的赛场上！我们向来配合得很棒。

祝一切安好！

波波维奇

波波维奇的态度如此大方又难得，确实让我精神为之一振。无论如何，我都要回到赛场。当我躺在病床上时，我的命运未知，职业生涯及其一个个瞬间便如画布一般在记忆中浮现。那一切始于佛罗里达萨拉索塔市的一家很小的广播电台里，一位名叫克里夫的人打给我的一通电话。

五彩斑斓的人生

当高中生涯接近尾声时，我意识到自己似乎当不了职业运动员，认识到这一点也让我彻悟，要满足我那随时随地爆发的兴奋和冲动，其最佳方式，是成为专业的美国空军战斗机飞行员。自从和父亲在奥海厄国际机场看到飞机起落的情景之后，我便喜欢上了飞机，此外，父亲曾经为国服役，我也理所应当承其衣钵。

我大学申报的志愿是位于科罗拉多州斯普林斯市的美国空军学院，对此父母并不赞同——因为当时正是越南战争白热化之际。父亲想让我逐一考察所有申请的学校，于是我们拜访了迈阿密大学，他的朋友及二战战友波特·帕克斯是该校的杰出校友。我有幸在达特茅斯校园里亲身体验了常春藤联盟学校的风采。当然，也在我家乡的学校，西北大学逗留了些时间。军校的录取程序结束了，我接到通知，夏洛特·里德议员没有让空军学院录取我，而是把我招进了美国的陆军学院——西点军校。我心想，那儿或许没有飞机，不过，我想倒也不算太糟。

我去了一趟天寒地冻、白雪皑皑的西点军校，见到一位名叫鲍比·奈特的年轻篮球教练，他后来在陆军学院、印第安纳大学以及德克萨斯理工大学带队，赢得了 900 场比赛，并且跻身篮球名人堂。那时，身为教练的他还不像后来众所周知的那样喜怒无常。(数年后，我和奈特教练成了朋友，我告诉他，我差一点儿就去陆军学院在他手下打球了。“赛格。”他回答道，“你凭什么认为自己能在我手下打球呢？”）然而经过再三考虑，我不想大学毕业后再去陆军部队服役 4 年，于是决定就读西北大学，这样就可以不用远离自己钟爱的小熊队了。

1969 年夏末，我入读西北大学，虽然我极不喜欢橄榄球训练，但还是报名参加了西北大学橄榄球队的选拔活动。身为运动健将，我简直无法想象，秋天不参加体育活动成何体统，所以我报名参加了新秀队的选拔，因为那时新生还没有资格参加校队。我戴上全套护垫，顶着芝加哥 8 月的酷热，和跟自己一样身高的家伙们较量（我终于长高了几英寸），只是他们的橄榄球技术比我强。在一次赛季前的训练中，我被反弹球击中，得了脑震荡，当天晚些时候又被球打中。当我躺在球场草坪上时，我知道自己是在西北大学，知道自己的名字，除此之外就什么也不记得了。到医院后他们告诉我，我得了严重的失忆症，在校园里骑自行车需要戴海绵头盔。这怎么行。还没等在学校打上一场比赛，我就决定放弃橄榄球，然后把所有时间都倾注在篮球上，在帕藤体育馆一连几个小时地练习接球技术。自高中4年级至今我长高了6英寸，随着控球技术的提高，我觉得凭自己的投篮技术进新秀队应该绰绰有余。

我向新秀队的教练吉姆·布雷盖尔毛遂自荐，请求给我一个当临时队员的机会，结果我不仅得到了那个机会，而且，因该队多名主力队员，包括球星里克·桑德受伤，我在入学后的第一年就上场打了至关重要的几分钟，如此一来，下一年该够格加入校队了吧——我暗自琢磨。当然，我喜欢篮球运动，然而我也喜爱队友之情、四处打球以及训练。我热爱在西北大学的篮球岁月里的所有一切。下个赛季开始前，高校改变了允许新生加入校队的规则，因此我这样的运动健将参与体育项目的数量便受到了限制。布拉德·斯奈德教练说，我可以以临时队员的身份跟球队一起训练，但是我碰球的时间很有限。由于学校对学生运动员有诸多要求，同时我也确实渴望4年后拿到学位，所以我决定在大二赛季开始之前远离篮球。

不过，无论如何，我还是不想离开体育运动。对我而言，它如同空气一般。我的确很喜欢学校的校风，所以我决定加入西北大学的啦啦队，相信这样就能有机会与球队同舟共济。但是不久我便明白了，情况并非如此。11 月，学校举办了一场校园吉祥物——“野猫威利”的揭晓仪式，我借机像那闲不住的威利一样尽情舞动，到揭晓仪式那周居然都不用再排练了。长话短说，我得到了这份差事，之后的两年间，我这个“威利”的表现大概有点儿过于狂野，而且我“事后求饶”的态度也让自己麻烦缠身。

我以“威利”的身份“莅临”的第一场橄榄球赛位于体育强队俄亥俄州立大学，在这里野猫们一败涂地。我不遗余力地努力做一个招人讨厌、活蹦乱跳、明目张胆的野猫队友，虽然我的表达方式就是身体扭来扭去、戴些假模假样的野猫头饰。不过令人意外的是，西北大学在哥伦布市戏剧性地爆冷了，这让七叶树队的粉丝们很不开心。赛后，我仍旧待在球场上，还奚落俄亥俄队球迷和球员们，陶醉于胜利的喜悦之中。没过多久，一些俄亥俄队的乐队成员开始推搡我，用他们的旗杆戳我。不知怎么的，消息传到了西北大学球员更衣室，十多位球员全副武装地来营救我。在啦啦队时，我有许多胆大妄为的冒险之举，这是其中之一，也是第一次。

尽管我对自己心仪的大学格外钟情，但是绝没有因此而淡化我对芝加哥小熊队的一片忠心。我想方设法到场观看他们的比赛。1971 年，我坐在中央偏左的看台上，因为心目中的英雄厄尼·班克斯站上了瑞格利球场的本垒板，即将打出他职业生涯中的第五百个本垒打。随着一声球棒的断裂声，球朝我这边飞了过来。我坚信自己一定能接住那历史性的一球。球直奔我而来。往下，往下，往下，我伸出双手，结果……球从我的指尖滑落，落在了外场砖墙上方的网上，那网是小熊队新近安装的，墙上爬满了常春藤，球随即弹回，紧接着落在了看台硬邦邦的水泥地上。这是当年在西北大学时，我有幸体验的小熊队许许多多精彩瞬间中的一幕。

至于我的学习，是按部就班地进行着。比如，在大四时，我全神贯注于校内的一个独立研究项目，指导教师是年轻的加里・沃德教授，合作者是两位同班同学。我想研究饮用酒精和吸食大麻对机动车驾驶者的驾驶技能的影响，对此我们自己就有过切身体验。因此，有一天，我们在校体育馆召集了 12 位志愿者。在服用酒精或吸食大麻前，我们每个人——包括我在内——都做了速度、反应时间、耐受力以及发球能力（我的基本命中率是 30 投 24 中）方面的基线测试。

记录了所有基线测试数据后，所有 12 名测试者带着指令离开——在下面的 4 小时里，其中 6 位开始喝啤酒，另外 6 位吸大麻。自然，我被列入喝啤酒的 6 人之列。

我返回学校的大学生联谊会礼堂，开始狂喝啤酒。4 小时后，大家重聚于体育馆，按照之前的参数重新测量。喝了 4 小时啤酒之后，我的每一项参数都好于之前，包括罚球命中率也从之前的 80% 提升至 87%。（这项研究说明了在高尔夫比赛的一个又一个回合中，为什么我的得分越来越高。）

1973 年 6 月，毕业季渐近，我有几个选择：可以回到巴达维亚，可以留在芝加哥，或许还可以去比利时打篮球——我曾经的一位队友当时在海外执教，或者我也可以找一份自己最擅长的事情，做与交谈相关的工作。我的理想工作是当芝加哥小熊队的实况播报员，但这目标貌似希望渺茫，于是我将目标转向做主流电视台的体育主播。（尽管大学毕业后我便在脑子里计划，如果到了 29 岁还上不了电视，那就去做赛车手。我渴望极速运动！）

在我高中毕业后不久，父母便南下搬到了萨拉索塔。每到夏天，我就在当地的电台和电视台打工。事实上，1972 年夏天，民主党在迈阿密海滩会议中心举行党内会议时，新闻编导就派我去迈阿密，要我设法从代表们以及共和党那里挖到一点蛛丝马迹。政治类议题在我们家餐桌上是常聊的，爸爸时不时会在工作间隙抬头插进三言两语，为理查德 · 尼克松辩解，所以我对那时的政治风云相当熟悉。当时的会上争议相当激烈，会议最终提名乔治 · 麦戈文为民主党主席，在这期间，我亲眼见证了政治就是一场格斗，而在体育运动中吸引我的戏剧性、竞争性以及不确定性在政治舞台上同样存在。但是政治与新闻报道并未在我的未来构想里。我发现新闻总是充满了重重矛盾与冲突，我个性开朗、乐天，因此这也使我在报道凶杀、抢劫以及丑闻之类令人压抑的事件时感觉格外吃力。而在体育界，我能够见证胜利与成功，报道一项项举世瞩目的成绩。

在西北大学毕业前夕，萨拉索塔 WSPB 电台台长克利夫·兰森给了我一份周薪 94 美元的工作，任务是播报早间及午间新闻资讯，我接受了。于是我搬到佛罗里达，开始工作，同时也在墨西哥湾水域教授航海课程，在“老爸酒吧”跳舞、调酒，以此兼职挣钱。“老爸酒吧”是佛罗里达的一家连锁酒吧，1973 年佛罗里达州将饮酒年龄从 21 岁降到 18 岁，该酒吧因此一举获利。我成为了“老爸酒吧”弗拉尼根分店最优秀的雇员，并且很快就做到了管理层级别，负责在周末清点从萨拉索塔到那波斯，再到劳德代尔堡的分店的现金数额，然后关闭店门。

我全心投入到电台的工作中，非常认真地对待这份工作，我负责追踪线索、现场报道市政厅会议，除此之外还要做所有本地新闻现场的报道工作。除了新闻广播，我还是当地高中橄榄球赛的现场主持兼实况播报员，报道每周五晚的周赛。但是我没有报道过职业赛事。直到 1974 年，当一场重大体育赛事即将到来时，我决定要去做个现场报道。先前亨利·汉克·阿伦以 713 个本垒打的成绩完结了 1973 年赛季，他还无法与伟大的贝比·鲁斯平分秋色。赛季结束后，阿伦遭到了众人的侧目，还有人向他发出了某些种族歧视性质的生命威胁。因此，根据他同时期的战绩，这位破纪录的本垒打王者很可能会出现在辛辛那提举办的开幕式或是接下来为期一周的亚特兰大主场上。身为萨拉索塔当地电台的新闻记者，我去现场并不是被派去做报道工作，而是作为一名棒球迷，紧随在本垒打王者身后奔跑。当阿伦在辛城打平了对手但没能破纪录时，我就知道，我一定要去看接下来亚特兰大的那场比赛。

碰巧，WSPB 电台是亚特兰大勇士队的下属电台，因而其中的许多球员及骨干员工我都认识。于是，我不失时机地请求老板克利夫允许我去那儿报道这场赛事，阿伦很有可能铸就这一开创性的里程碑。他考虑了几秒。

“早晨要赶回来做行车高峰时段的节目。”克利夫终于开口说道。此时，他正坐在办公桌后，一脸严肃，然后俯身说道：“否则你就被解雇了。”

我哈哈一笑，可他没笑，于是我也打住了。“好的，老板……我一定赶回来，老板……”

我买了一张美国国家航空公司的机票，在比赛当天下午直接从萨拉索塔飞到亚特兰大。我没有入场券，但是信心十足地认为凭借自己在勇士队公共关系部的人脉能搞到一纸凭证——谢天谢地，他们的确给了我，但只是让我进了体育场。我不是唯一一位求情的记者，同样我也不是位列他们特惠名单榜首的人，他们给不了我媒体席位，让我去的只是紧挨场边球员休息区的摄影师席位。于是，我到那里就座，那是场侧，我轻装上阵——只有我和我的话筒、录音机，旁边是美国国家广播公司的摄像师，他向全国直播这场比赛。我感觉自己像是急于盗垒的莫瑞・威尔斯。

这是一个阴冷潮湿的夜晚，比赛差一点儿因为天气原因而取消，在比赛投出第一个球之前，我在外场与两队的经纪人、球员以及阿伦的父母聊天。回首那时，运动员和教练们远比现如今的运动员和教练平易近人，也乐于跟媒体交流。比赛开始了，我站在摄影师席位上，身上穿着父亲的一件白色旧军用防水外套，翘首以待。

回顾一生中那些让人记忆犹新的统计数字及成绩，我认为贝比・鲁斯职业生涯的 714 个本垒打是体育运动最为宏大的里程碑，而阿伦那场破纪录的比赛是足以令我们举国欢庆的最伟大时刻。感受那一刻，那紧张的气氛，那种想要目睹国旗挥舞的景象，我听见球落进捕手手套的声音，球棒与球“短兵相接”的声音——那个夜晚的一切都如此活灵活现。在我的生命中，恐怕再也见不着如此美妙的场景和氛围了。

当阿伦在第一局走到投手板上时，观众们激动不已。他因对方投手打了四个坏球而保送上垒，这让球迷们有点儿失望。到第四局时，他再次踏上投手板，对面站着的是洛杉矶道奇队的投手艾尔・唐宁。我能感觉得到人群的骚动，我自己也紧张得嗓子发紧。当阿伦向唐宁打出一个一个又高又远、飞过左外野栅栏的投球时，我本能地和好多球员一起走到了外场。当我跑到三垒线的时候，阿伦正缓步奔向那将创造不朽的目标。当他穿越本垒时，我赶上了他。

“亨利，你刚刚完成了本垒打！”我伸过话筒说道，尽量跟上这位优胜者的步伐。

“谢天谢地，比赛结束了！”最后迈步回到本垒时，他这样说道。此时，他被队友们团团围住，我则继续将他及其队友们的对话录下来。当比赛结束，向阿伦颁发奖章时，我有机会采访到他的父母，因为这时他们已经下到外场，不过我可不想打破媒体的规矩或者让我的记者证被吊销，我只是用心感受那精彩的一刻。我不仅见证了历史，而且也成为了历史的一部分，我用磁带记录了这一事件以及阿伦的父母和队友们的第一手独家反馈。

我坐早上 5 点 30 分的航班飞回萨拉索塔，没错，第二天早上我已经在做直播了。播完新闻后，我接到朋友们的电话，他们看到了我出没于本垒的画面。我觉得这就是自己的名片，也是走向广阔职场的通行证。

那个夏天晚些的时候，在匹兹堡的全明星赛上，我向阿伦做了自我介绍，也告诉他我录制磁带以及跟他父母聊天的事儿。

“你就是那个穿军用防水外套的家伙呀！”阿伦想起来了。

我录制的那场比赛的录音至今还在纽约古柏镇的棒球名人堂里播放着。用谷歌搜寻“克雷格·赛格，汉克·阿伦”，你可以看到一个身穿纯白外套、20 岁出头的年轻人在那位名人堂成员穿过本垒后采访他的画面。我就用不着看这个消息了——那个年轻人就是我。

勇往直前

WSPB 电台的工作仍在继续。作为小镇名人——至少对认识我的高中生来说，我大小算个名人——我 24 小时全天候都在做广播。橄榄球赛整套广播节目来了一位赞助商，这不仅有助于提升电台在本地的影响力，而且也带来了一些切实的经济收益。橄榄球的直播工作进展顺利，于是我问克利夫，能否去拉赞助办一场高中篮球周赛。

“要是你能拉来，我们就做。”他说道。

于是，我马上跟各个学校联系，告诉他们，我们有能力组织一场大型球赛。我全力以赴地去寻找赞助商，最终一家银行决定提供经费。一切准备就绪。

第一场晚间播报定在周五进行。然而就在周三，克利夫走到我跟前，他告诉我，我们不做这场比赛的播报了。他说，虽然大众有兴趣收听本地电台播报的佛罗里达州高中橄榄球赛，但是他不太相信人们对高中篮球赛也会有同样的兴趣，同时担心这样一来会大大降低收听率。当然，更早之前，他跟我说的也无外乎这些。和这位老板短短交谈之后，我几乎没有从他那儿得到什么满意的答复，于是我就爆发了。我走到克利夫跟前，揪住他的衬衫，把他拽到墙边（这家伙个头有点儿矮）。我攥紧右拳打算出击——但又停住了。我放下双手，转过身，径直走出电台。

我不知道该做些什么——也真不明白自己刚刚都做了什么。我开车到了萨拉索塔的海滩，坐在沙子上，呆呆地望着大海，盼着脑子里能冒出答案。我打电话向父亲寻求建议。果不其然，他痛斥我自毁职业前程，但是过了一会儿他冷静了下来，劝我不要感情用事。我答应了。

不过，我并没有去道歉，而是回到车里，开车去了 WYND 电台，即我们的竞争对手，城里另一家电台。我将篮球赛的整套播报计划以及我本人拱手送给了台长。

克利夫没有向我提起诉讼，就这样，我给自己找了一份新工作。这对我来说是双赢。

在萨拉索塔的电台又干了 6 个月后，我决定，是时候向电视体育主播迈进一步了，也就是说，要不遗余力地争取出镜。我的一位好朋友韦恩·“公爵”·希弗搞到了一台相机，我们就去参加一个叫“超级明星”的节目录制，这是美国广播公司的一档电视比赛节目，面向整个体育界顶尖的运动员，因此我可以穿上一些比较时髦的外套，录制一些假的脱口秀，做成一张简历磁盘。参加的超级明星有职业足球运动员小凯尔·罗特，他例行公事般地打败了一些在传统运动项目上较有名的人物；拳击手乔·弗雷泽，他在游泳比赛中差点儿被淹死；还有 O.J. 辛普森，在挑战赛中比所有参赛者跑得都快。令人啼笑皆非的是，“公爵”看到了将赌注加码的机会，于是他一边摆弄相机一边奋勇奔跑，成了 O.J. 辛普森的私人保镖。

下面的几个月里，我向全国的各个电视台发送简历磁盘，以谋求各种新闻、体育以及天气预报方面的直播工作。我的信箱里很快就塞满了拒绝信，有的甚至让我觉得自己永远不可能在电视上出镜。我保存着每一封信，不是为了激励自己做得更好，而是用以提醒那些质疑我的人。下面引述几句信中的话：

“你没有我们需要的能力。”

“没有适合你的职位。”

“我建议你去其他行业找工作。”

“不要给我们打电话，我们会给你打电话。”

“我们已经将你的简历磁盘寄回给你。”

不过，我也保存着其中一封鼓励的信。寄信人是一位达拉斯的体育节目主持人，他后来享誉全国。

看得出你很有激情，非常热爱你的工作，我很乐意能就你的简历磁盘谈谈我的想法，谈谈该如何改进。请给我打电话。

凡尔纳·伦德奎斯特

1975 年，美国广播公司决定在高校橄榄球赛的电视直播中增派场外记者，虽然当时我的电视工作经验很少，但还是去应聘了。我一路闯关，入围最后 5 强。他们最终录用了吉姆·拉普蒂和唐·麦圭尔，前者后来一路飞升，播报了奥运会、拳击赛、橄榄球赛以及所有你能想到的运动项目，后者则扶摇直上，成为 1987 年至 1995 年间我在特纳有线电视网体育频道工作时的老板。不过当时我并没有捡起球棒和手套直接回家，而是继续追逐我的电视梦。

被所有电视台一一拒绝之后，我接到了位于坦帕 / 圣彼德斯堡的 WLCY 电台的电话，让我去参加一个气象预报员职位的面试。我做的第一件事是去萨拉索托——这是一座以退休人员为主的城市——当地的一家二手店内，我挑选了一件黄蓝和白色夹杂的泡泡纱西装。我做的第二件事是买了本《黄金天气指南》，背诵“积云”“冷锋”以及“气压”之类的气象术语。

这可是令人喜忧参半的消息。喜的是，我因面试而杀出重围，得到了这份工作。忧的是，台长告诉我，我得穿朴素无华的衣服，否则我抬起胳膊指地图时摄像机将无法聚焦。

预报天气应该有趣味性，在一定程度上，我的预报是通过我那挂满花花绿绿的外套、衬衫和领带的衣帽间传递的信息。有段时间我做得很开心，不过没多久就干烦了，因为每天都千篇一律地在晚上 6 点和 11 点播报南佛罗里达的天气——除了飓风时节，其他时候的天气并没有实质性的变化。于是，我开始另辟蹊径。爸爸鼓励我尝试新闻领域，但我还是全身心地渴望进入龙争虎斗的体育世界，见证赛场上一个个戏剧性的时刻。

迈尔斯堡的 WINK 电视台在招聘一名体育节目制片人兼主播，我被聘用了。离开坦帕的电台时，根据台长的指示，接替我的那位，无论男女，都必须改名为“明媚的一天”。

在 WINK 电视台工作之初就独当一面，这让我很开心。打电话、拖着摄像机和三脚架到处跑、录音、做采访、编辑报道、写脚本、在新闻播报时段进行比赛实况转播。我把我的草根方法与职业道德带到了迈尔斯堡，报道日程表上排满了当地高中的各种赛事，我常常得在直播前 10 分钟赶回电视台。我也为当地高中以及附近的爱迪生社区学院的诸多比赛担当实况解说，还主持当地各个学校的赛前动员会。我一生中从未如此勤奋地工作过，我喜欢工作时的每时每刻。

每年的二三月，堪萨斯城皇家队在迈尔斯堡春训，我负责定期报道该队的近况及其赛事，因此认识了该机构内部的许多伙计们，包括经理怀特·赫佐格。1978 年，皇家队本土的电视台、堪萨斯城 KMBC 电视台招聘一名新的体育主播兼皇家队赛前和赛后节目主持人，我进入了决赛，但是最后输给了另一位年轻的播音员。

不过，1979 年，那个职位又招聘人，怀特提议他们考虑雇用我。我得到了那份工作，决定离开阳光灿烂的佛罗里达，搬到中西部的平原地带。堪萨斯城拥有比迈尔斯堡更大的市场，主持人和记者们在电视领域的升迁之路就是向逐渐做大的市场转移。在堪萨斯城，除了主持皇家队的表演赛，在晚间新闻节目中播报体育新闻，我还实况转播 NBA 堪萨斯城国王队的比赛以及 NFL 堪萨斯城酋长队的季前赛。

1980 年 6 月 1 日，美国有线电视新闻网（CNN）崭露头角。同年秋天，它指定堪萨斯城皇家队与纽约扬基队在季后赛的首轮系列赛上的交锋为其第一场远程播报的体育赛事，也就是说记者要到现场进行报道。然而，美国职业棒球大联盟否决了其认证申请，并告诉创立人泰德·特纳，CNN 并非权威性的广播电视网，也永远成不了权威。没有人愿意吃闭门羹，于是泰德打电话给皇家队公关总监迪恩·沃格拉尔，寻求拯救 CNN 的建议。迪恩让他给我打电话，因为我乐意报道那个系列赛，碰巧我跟皇家队的两位球员——克雷格·张伯伦和史蒂夫·明格里，还有公关助理迈克·斯旺森在一起待过。

跟泰德交谈之后，我同意在堪萨斯城 KMBC 电视台播放自己的报道片段，然后录制一句与众不同的结束语或者结尾，把它交给 CNN 的家伙们直播。那时候没人看这个频道，因此我根本不用担心老板们会看到。

时光闪回到 5 个月前，即 1981 年 3 月，当时我接到 CNN 的一通电话，问我能否观摩一下他们在亚特兰大的总部。在亚特兰大逗留期间，我中途还报道了一场皇家队春季训练赛。我和泰德·特纳一同观摩了总部，他向我保证，每晚会有一小时的体育播报，这比眼下我做的在新闻直播节目中穿插 3 分钟体育新闻好多了。于是我就成为了 CNN 第 343 位雇员。

加盟一个刚刚起步的广播电视网，第一感觉是既沮丧又令人振奋。早些年间，我们的公信力很低，资源也很有限，尽管我们仍处于努力调适的状态，但还是制作出了几档优秀的电视节目。随着

CNN 的日益壮大，又有其姐妹电视网特纳广播公司（TBS）的协助，我们靠自己的势力创建了高校橄榄球及篮球节目，报道了友好运动会，做了全球播报。1984 年，我们获得了 NBA 的合同，从此扭转乾坤。迈克尔·乔丹和 NBA 都在突飞猛进地发展着。1988 年特纳电视网（TNT）创立，即 NBA 目前的东家。1984 年，特纳广播公司花费 2000 万美元稳获为期两年的 NBA 比赛转播权，这在当年对版权持有者而言似乎是个天文数字，但是随着新一代超级球星的到来，NBA 在腾飞。4 年后，那个交易价值高达 5000 万了。（据报道，那份合同如今让特纳一年要花上 12 亿美元。）

从那时起，我就和特纳同舟共济，报道了在几乎每一片大陆上所能想象到的每一项体育赛事。我见证了一些精彩的体育盛事，但是更重要的是，我体验了体育运动所激发的种种五味杂陈的情绪感受。2001 年，纽约城的那一场就是其中之一。

和大多数美国人一样，我牢记着第一时间获悉“911 恐怖袭击事件”时自己所在的地方，那时我离纽约远得不能再远。我刚刚在澳大利亚布里斯班的友好运动会上结束了给特纳所做的播报工作。史黛西跟我一起来出差，我们回美国的航班时间是 9 月 11 号，星期二，而多数特纳员工是星期一返回。星期一傍晚（纽约时间是星期二早上），我们在外吃晚餐时，餐厅里开始反复播放飞机撞毁世贸中心的录像。恐怖袭击已不新鲜，但这次的事件，让人感觉太不真实。我马上想到自己的父亲，于是给他打了电话，爸爸义愤填膺。

“我们要跟他们干一仗！”他义正词严地说道，甚至打算以 80 岁的高龄入伍参战。

果不其然，美国的机场关闭，我们的航班也被取消。

9 月 21 日一大早，我顺利到达纽约，赶上了纽约大都会队对阵勇士队的那场比赛。比赛在 TBS 电视台播放。在袭击事件后，棒球大联盟立刻搁置了赛程，这场比赛是袭击事件之后在纽约举办的首场比赛。我知道，这对所有参与者来说会是一场异常伤感的比赛，看台上挤满了现场急救员，他们中的许多人在过去的 10 天里一直在世贸大厦搜寻幸存者以及无辜受害者的遗体。赛前悼念受害者的仪式催人泪下，奏国歌的场面也感人肺腑。大部分的电视转播，都是我从中心偏左的场区报道的，那里坐着许多忍泪含悲的纽约消防员。棒球比赛只是短暂的休息——是分散注意力——哪怕仅有几小时而已。面对第八局的低迷状态，大都会队的迈克・皮亚扎完成了一个精彩的本垒打，赢得 2 分，从而使大都会队以 3∶2 领先，现场的 41 235 名观众瞬间爆发的欢呼声不仅仅是整场比赛我不曾听闻的，而且也是我的棒球赛事报道生涯里从未遭遇过的。在比赛期间，我采访了市长鲁迪・朱利亚尼，又在赛后采访了皮亚扎。感觉这些采访与我以往做过的所有采访都大为不同。

在纽约时，我有机会参观了世贸大厦的遗址。它是为所有曾经在那里，尤其是“9·11”之后最初几周在那里的人而立，身处现场，内心的震撼与万般感受实在无以言表。废墟上方还有一层烟雾在缭绕，空气中还弥漫着烟味。

参观纽约后不久，我将我的飞行里程捐赠给了纽约消防局，因为那些女士们、先生们比我更需要免费的旅行。

汉克·阿伦的本垒打比赛深深地印刻在我的记忆里，同样地，在纽约的那些日子我永生难忘。

旗开得胜

2014 年 4 月末，我在北区医院接受了 1 周的化疗，至今，我还没有感觉到化疗带来的副作用。这倒是不坏，我牢记着要保持思维活跃。霍兰德医生制定的治疗方案首先是杀死我体内大大小小的白血病病毒——那些“未成熟胚细胞”——从而使我的病情得以控制，即杀得只剩极少的“未成熟胚细胞”，或者杀得它们片甲不留。

测量白血病发展阶段的可靠措施，是血液中“未成熟胚细胞”的含量。如果异常的未成熟白细胞填满了骨髓，并且流入血液，就会导致一系列严重的问题，包括减少健康血细胞的含量。健康人的血液中，“未成熟胚细胞”的百分值在任何特定的时间里均为零。我的病首次确诊时，血液中“未成熟胚细胞”的含量则是 27%。

如果我的病情能得到控制，那我们就可以考虑做干细胞移植手术。对于急性骨髓性白血病患者来说，这是唯一的希望。白血病仅靠化疗便能治愈而且绝不复发的病例非常罕见，因此最好的情况是能找到捐献者。那样的话，捐献者的干细胞可以帮助病人的身体创建一条新的健康路径，从而制造血细胞。

我们还在观察化疗能否有效抑制未成熟胚细胞，这大概需要 2 ~ 3 周时间。在此期间，医生们已经启动了干细胞移植手术的配型鉴定程序。事实上，我一住院，医生们就在欧洲启动了历来漫长的潜在配型鉴定程序，因为那里有世界上最大的志愿者血库。但是即使医生们能在欧洲找到匹配者，也需要专业人士找到匿名捐献者，得到她或他的同意才能继续该程序，采集所需的骨髓，运到美国。这一寻找工作可能要花费数月时间，所以医生们转而向我的家人求助，寻找捐献者，这期间我继续接受治疗。

与此同时，日复一日，我的重要器官以及血液都要接受常规检测，偶尔有痛苦的骨髓活检。随着时间的推移，我感觉身体强壮了，血液指标显示，我对化疗的反应似乎不错。5 月 10 日（我住进血液与骨髓移植病房的第 19 天），霍兰德医生在查房期间走进我的病房。

“你可以出院了。”他说道，就这样不动声色地传达了这一出乎意料的好消息。

“我能出院了？”我问道，真不敢相信这是真的，“今天吗？”

“是的，克雷格。”他微笑着说道，“你今天可以回家了。你还要每天来做治疗和验血，不过你可以回家了。”

我几乎是从病床上跳下来的，拽掉输液管，给了这位先生一个拥抱。住院 30 天？我可用不了。他解释说，我血液里的“未成熟胚细胞”每天都在减少，还说他和他的同仁们也很吃惊，我的身体对化疗的反应好极了。

当然，回家是有限制条件的。我被告诫不能修剪草坪，不能往外提垃圾，不能捡狗屎，也不能做任何房屋维护方面的事情——对此，史黛西回答道：“那不成问题，他从来就不做这些事。”

我们到家时，还没等我下车，赖利就跑到车道上，给了我一个大大的拥抱。当时瑞安在参加朋友的生日派对，史黛西决定，等他回家时我们要给他一个惊喜。在离开家近 3 周后，我又进了家门，感觉棒极了。我们开心地大笑了一会儿，然后我吃了点东西，就上楼躺到了自己的床上。

瑞安回家时，史黛西正等着他。

“我给你准备了一个惊喜。”她含着眼泪说道，“去妈咪的卧室看看吧。”

他走进卧室，立刻三步并作两步冲过来，俯身给了我一个拥抱。

“太棒了！”他兴奋地说道，“你回家啦！现在我再也不用盼着做梦梦见你了。”我的心都融化了。

第二天，我马上回到北区医院。在以后的几个月里，我和史黛西每天早上送孩子们去上学，之后就到这里输血、补充血小板，最初几天需要六七个小时。5 天后，霍兰德医生宣布，我的病情完全控制住了。化疗生效了！我战胜了急性骨髓性白血病。几周以来，我从没如此激动过。我迫不及待地想回去工作，回到高尔夫球场。

但是我也牢记着，病情得到控制只是第一步。我依然需要做骨髓移植，霍兰德医生的目标是 7 月初做移植手术。他还告诉我，从 6 月 2 日开始，我还需要做 5 天的化疗，以确认身体里没有白血病残留，这样下一步就可以做骨髓移植，不过他也做出了让步——我可以在门诊接受化疗了。

我仍然需要匹配的捐献者。果不其然，这位匹配者就是克雷格·赛格。

配型成功

小克雷格·赛格　撰

我和我的兄弟姐妹们得知，要想长期控制病情，唯一的选择就是找到一个能给爸爸捐赠骨髓做骨髓移植手术的捐献者。自他的病被确诊以来，我在网上查阅了大量资料，这让我对骨髓移植手术的可行性已经有所了解。然而，乍一听到这个消息，还是让我感觉有点儿措手不及。

对我而言，骨髓就是骨头中间那些淡黄色、海绵状、我压根不想看的东西。如今它成了拯救我爸爸生命的唯一途径。我能设想从他的身体里抽取骨髓时的样子，我也能想象出用新骨髓填充他空空的骨头，从头开始建构全套免疫系统新细胞的画面。爸爸将不得不承受这危险的手术，我深知这过程会是多么复杂，多么可怕，又多么不可思议。

听到移植手术是我们要实施的方案之后，我很快便坚信，自己肯定就是那个捐献骨髓的人，尽管统计数字显示我并不占上风。找到配型的希望并不大——要测试比较捐献者与患者的 6 个白细胞抗原关键指标，而医生们推测我能匹配一半的概率只有 25%。要成为他们寻找的那种完美匹配供体的概率更低——只有 2% 的子女与父母中的一方 6 个指标都匹配。但是不管过去多长时间，我多大岁数，父子共度的时光始终提醒我，我们俩是多么相像。我们同样争强好胜，同样不断渴望新鲜刺激，有同样的言行举止和怪癖——甚至连穿衣品味都一样。当我沉浸在自己的世界中时，我内心深处感受到的一切也是他的内心体验，我相信，这些特点在他身上只是被放大了而已。

捐献者的检查只需用一根棉签放进嘴里采集 DNA 样本即可完成，但是对于家庭成员，护士们则直接验血以加快步伐。我面对的最大障碍是要克服自己对针头的恐惧感。小时候，要是我知道一个月后要去见医生，那这一整月都过不好。童年时代最快乐的一天，是我说服一位医生不给我扎手指头取指血。

5 月 6 日，当我和姐姐，还有坎迪姑姑一起去北区医院验血时，血抽出来的那一秒，我觉得我快要昏倒了——一种不由自主的反应。我先是感觉自己的视觉出现异样，紧接着是全身如坐针毡的烦躁和疼痛。我的身体开始摇晃，然后“轰”的一声倒下了！在护士的帮助下，我才醒了过来。不管怎样，在我昏倒前，他们的小瓶子里已采集到了足够的血。

5 月 22 日，爸爸打电话告诉我，我的配型吻合值是 6:6，与基本指标完全契合，进一步的测试显示，配型吻合值是 10:10，或者，用移植界的术语来说，是“完美匹配”。这证实了我一贯的看法——我们之间有比名字更深层次的关联。

“咱们什么时候做手术呢？”我拍着手说道。我们估计骨髓移植手术的日子是 7 月初。我知道，这个时间安排意味着，每年 7 月 4 日在亚特兰大参加桃树公路赛的家庭传统将难以为继了。

30 年来，这项公路赛爸爸是场场必跑的。过去的 9 年，我都在他身旁陪跑，为了提高自己的速度，我已经训练了 6 个月。一直以来，不管我们多忙，都会把 7 月 4 日这一天空出来，我敢肯定爸爸一定会出现在终点线，时刻准备着痛饮一两瓶我随身带来的冰镇“早 8 点”牌啤酒。一想到我们在终点线喝第一口啤酒的情景，便让我每年都能提速几分钟。得知今年他无法跟我们一起参赛的消息时，我难过极了，可是要是连我也不能参加，那怎么行呢？我已经多买了一个号码条，以表达对他的敬意，也确保全家依然拥有年度桃树公路赛最后优胜者的 T 恤衫。

我在圣安东尼奥报道NBA 总决赛的第三局比赛期间，爸爸打电话给我。“抱歉，小赛格。”他说道，“手术日期是7月3号，就是这一天。我尽力了，但是我的身体状况实在没法提前了。”

“你别担心。”我回答道，“我无论如何都会参加公路赛。”

6月11日，我从决赛场返回，做了一天的移植前准备工作，用时6小时，采集了18瓶，后来又抽了两袋血，之后，我终于走出了医院。我简直不敢相信，这一次我居然顺利地承受了整个过程，没有晕倒。但是我也意识到，假如我连血都献不了，那更别提捐骨髓了。

等待做移植手术的3周里，我眼界大开。我知道自己并非第一位捐献骨髓者，但是我的捐献对象是我的父亲。我能深层次地审视双方对于骨髓移植的看法。我亲眼看见他接受那让他从内到外备受折磨的化疗以及放疗过程，因为这样可以让他重生，派生出新的免疫系统。这是一种令人无法抗拒、无与伦比、各种情感交织于一体的复杂感受。渴望、恐惧、希望以及兴奋等诸多情感交织于生存或死亡的现实情况之中。

7月2日，移植手术前夕，我去病房看望他。爸爸提前5天就住院，接受预防性的化疗和抗生素注射。我们做的第一件事就是完成我们独创的桃树公路赛。我们绕着隔离楼层走了12圈，这相当于整整一英里，然后回到他的病房，让他为手术做详细准备。早上 6 点，我办理登记手续，等他们在我的病房抽取了骨髓后，父亲便马上接受移植。我们住的楼相隔两栋楼，7 个楼层。

那晚去医院看过他之后，我回到家里，打开在医院时父亲递给我的一张他亲笔书写的字条：

亲爱的小克雷格：

我希望像你一样，你希望像我一样，现在我们要成为“共享血液的兄弟”了——真是奇妙呀！

一直以来，你的一举一动无不让我为你自豪，眼下收到你这份拯救我生命的奇妙礼物，我的心情更是无以言表。

我的儿子，你做得真棒，太棒了！

骨髓移植手术当天的日程安排非常紧张。那天早晨被推去采集骨髓之前，我没能去看爸爸。因为玩橄榄球，我接受过 4 次手术，不过那都是为了治疗身上的病痛。这次我无比健康。得知要在麻醉状态下从我的体内抽取骨髓，我有种奇怪的感觉，不过这一天终于过去了，我也松了一口气。

一个半小时后，我在候诊室醒来。他们在我臀部两侧各钻了一个小洞以抽取骨髓，就是牛仔裤后面口袋上方的地方。我的臀部到后腰部位压着一块厚厚的纱布，用黏性绷带样的束腹带固定住。总之，医生们抽取了多达 1.5 升的骨髓。

说我感觉不舒服那实在是轻描淡写了。我平躺着，背上有两个小洞，朝任何方向轻微的移动都会把笨重的纱布直接压入感觉像是骨内瘀伤的地方。我动弹不得。在恢复期间，医生们发现我有室性早搏——心脏的两个下泵室中有一个开始出现心跳异常。我被留在术后观察室里待了两小时，期间请求他们至少让我给爸爸和家人打个电话，报一声平安。术后观察室里的其他人都昏昏沉沉，需要护士们想方设法才能叫醒，而我却无比清醒。我已经打算赶紧离开这里了。

我被带去医院的独立病区，由一位心脏病专家来做进一步检查。他告诉我，我得在医院过夜，要待到第二天早上 11 点做完术后验血才能出院，因为他们担心我的心跳不正常。医生听说我跃跃欲试，打算参加 7 月 4 日的公路赛，就让我不要冒此风险。见了患者事务部的工作人员、心脏科主任以及移植手术主治医生之后，我终于获准出院了，但是条件是不能参加公路赛。

傍晚 5 点，他们用轮椅将我推出了医院——那一刻，爸爸也正在往停车场走。我感觉这一刻是上苍对我们恰如其分的馈赠。我丝毫没有料到，他能当天就回家。为了出院经历了几次三番的拖延以及种种周折，结果却迎来一个安排得如此恰到好处的时机。我们站在停车场，站在医院大墙之外，一起开心地呼吸着新鲜空气，他头上戴着生日蛋糕帽，以纪念他体内带着我的 DNA“第一天重生”。即使你用一生的时间向我演示该如何享受那一刻，也无法描述在医院大门外我见到他时的心情，感觉空气格外新鲜，世界也格外敞亮。一旦他痊愈了，那我们就什么都可以做了，一想到这些，我的内心便充满了无限的希望。

我的髋骨里有两个小洞。我没有吃止痛剂，浑身乏力，因为我的骨髓被掏空了，还有严重的麻醉后遗症。不过在我跨过桃树公路赛终点线时，那一切都不算什么了。我不顾医生以及父母的劝告，在手术后的第二天以 1 小时 18 分的时间完成了 10 公里公路赛。除了参赛路段，我还要步行两英里到起点。我直不起腰来，因为身上裹着使全身不得移动的病人专用的纱布绷带。我跑了 6.2 英里，脆弱的后腰上压着厚厚的绷带，就这样一步步跑了下来。我自始至终都弓着腰跑，这让背部更疼了。但我还是做到了。爸爸身体里流着我的骨髓，我也让他看到，他的精神在我的身上永存。

重获新生

做移植手术的日子跟我在医院里度过的普通一天没有太大区别。医生带着一名护士走了进来，护士推进来一种仪器和一台便携式X光机。他们把一根输液管接到我的导管上，我的静脉一阵发凉，儿子的干细胞流入自己身体的那一刻，感觉就好像是普通的输血或化疗。我的血型是O型，小赛格的血型是A型，所以，如果移植成功，2 ~ 3周后我的血型就会变成A型，制造健康的血细胞，但愿能将白血病永远赶出我的身体。

北区医院说到做到，当天午后就让我出院了，如小赛格所言，我们在停车场碰面了。回家的欣喜没有持续多久，因为几小时后霍兰德医生打电话告诉我，化验室在我的大便里检测到了梭状芽孢杆菌，基于我的病情，这是一种可能致命的感染，为此他们开了一些抗生素给我，用来杀这种病菌。

过去数月，几个疗程的化疗彻底摧毁了我的免疫系统，哪怕是最细微的感染都能轻而易举地击中我——其中大部分感染都可能致命。我们遵从医嘱，在家里倍加小心。移植手术后的 6 个月里禁止做的事情有：不能出去上班，不能去看电影，不能参加体育赛事，不能接触动物，不能修剪草坪，不能游泳，不能喝酒，不能接待访客，不能在外就餐，甚至连拥抱我的孩子都有危险，因为孩子常常会携带多种病菌。虽然有这些限制，但我还是迫不及待地想回家。

赖利和瑞安举着“欢迎回家”的牌子等着我！车开进车道时，迎接我们的是各种标语牌以及伸长了要拥抱的胳膊。移植手术已成往事，我的家人就在眼前，我感觉自己重获新生了。

接下来的一周，我渐渐习惯了在家里的日常活动：看电视，和孩子们、史黛西一起玩耍。做完这些事，我就去地下室骑健身车以恢复体力。抗生素似乎对梭状芽孢杆菌奏效了，我的感觉一天比一天好。然而，7 月 12 日，我突然发起烧来，史黛西严格遵守医嘱，凡是体温高于华氏 100.5 度就要带我回医院。我们急忙赶到北区医院，我又回到了隔离病房。不到一天时间，医生们便确诊我的双肺均有肺炎发作，这对骨髓移植病人来说非常危险。

骨髓移植手术后最为关键的日子是最初的 19 ~ 21 天。这期间，捐献者的血液和干细胞取代了患者的血液和干细胞。患者只有成功度过移植手术后 100 天，医生们才会安心，才能断言移植手术成功了。我还在药物治疗阶段，使用曲马多、多库酯钠、氢化可的松、NeutraSal、非布索坦、熊去氧胆酸、法莫替丁、Klor-Con、阿昔洛韦、盐酸坦洛新，还有其他几十种药。有的我一天要吃好几次，有的是一天一次，还有的只是需要时才吃。我的一个个药盒就像“即时救助”药店的货架，依照医生的吩咐，每天换一次药品，或者每周换一次。

我努力保持乐观，但是这日子太难熬了。每一次，在我貌似要打赢一场战斗时，就会有什么突发情况把我拽回来。我从未想过放弃，但是不得不承认，我很难过，很泄气。又住了几天医院后，我战胜了肺炎，医生们认为我已经痊愈，可以回家了，然而几天后我又回到了北区医院，因为我自认为已经击退的肺炎又引发了高烧。这一次，我会有一段时间只能闭门不出了。

医生们做了两项支气管镜检查和多层螺旋 CT 扫描，以确认在我肺部发现的因肺炎引发的圆形肿块是病毒还是真菌造成的。他们给我用了 8 种强效抗生素以满足基本治疗需求，但始终没有得出诊断结论。除了肺炎，我的双脚发肿呈紫色——两只脚得了严重的痛风，哪怕迈一步都钻心的疼。但是作为一个好动的男人，一个酷爱跑步的人，我无法整天躺在床上，于是就弄了一辆老人用的走步车，在病房里走上几步。扶着走步车走路，我并不觉得尴尬，反而因为自己能活动了而惊喜不已。然而难过的是，护士坚决要求我走路时必须有人陪，以防失去平衡摔倒。第一天我只能走 1 圈，第二天是 3 圈，然后是 4 圈，再往后是 6 圈，一天走 3 次。尽管如此，我还是喜欢这样走路。

这次的住院时间比大家设想的要更久一些，7 月到 8 月，8 月到 9 月，9 月到 10 月。史黛西每天陪伴着我，而我 79 岁的岳母，玛丽・乔不顾自己年迈体衰，从芝加哥搬到了亚特兰大，帮着照顾赖利、瑞安以及 80 磅重的德国拳狮犬茉莉公主。由于孩子们太小不能来病房看我，在特殊的日子里，玛丽・乔和孩子们就到院子里我所在第四层病房的正前方，朝我飞吻、举牌子、挥手。虽然为了避免外界病毒进入病房，窗户都关着，但赖利和瑞安的到来就如同一口新鲜的空气，提醒着我，我并不是在坐牢，这禁锢只是暂时的。

我在医院一连住了 93 天，后来医生们认为，我康复得很好，可以回家继续休养了。我被护士们和病友们簇拥着推到大门口，我向他们道别，史黛西将车开到大门口。我浑身上下都能感受到阳光的沐浴，能闻到从数英尺外飘来的花香，能听到鸟儿们的啁啾声。当我缓缓地从轮椅上起身，独立走完最后几步时，我哭了起来。

回家后的日子，我要不就是和史黛西往返于诊所，要不就是坐在沙发上看电视。曾经日日奔忙的我，如今不得不大大改变自己的生活方式。有时，我觉得医院以及自己家都如同监狱，不过能出院倒也是一种安慰。为了抵抗抑郁症的冲击，我就一心只想着明天，坚信自己不仅能重回NBA赛场，而且能彻底打败白血病。我的体重减了57磅，不过坦率地说，能活着我就已经很感恩了。

当然，被禁足也有积极的一面：我有幸和孩子们以及我的爱妻共度许多时光。我记得，自从和史黛西结婚，有了赖利和瑞安以来，我在同一个城市停留的时间往往不超过1～2周，所以我们都要适应这种长时间在一起的日子。我偷偷溜到高尔夫球场，想打上几杆，虽然第一次去球场时挥杆连丢3球，但能和瑞安一起穿上绿夹克。我戴着口罩，坐在城边观看孩子们练习网球，偶尔还会违反不能开车的规定，匆忙到麦当劳的免下车餐厅买一个不加洋葱的双层奶酪汉堡，或者一个不加生菜的麦香鱼三明治。

医生们特别嘱咐，骨髓移植手术患者在手术后的12～18个月内不能重返工作岗位。尽管我渴望在10月末NBA赛季开场时回到赛场，最后还是接受了“绝对不可能”这一事实，因此将视线转向下一个目标：2月中旬在纽约举办的2015年度NBA全明星赛。当然，比起多数获准出行和重返工作岗位的患者，这时间已经大大提前了，不过，也许我可以改写一下规则。

10月份，我收到了北区医院移植部护士们授予的百日证书：

祝贺

克雷格·赛格骨髓移植手术治疗达到了100天这个里程碑。

因为各种成就，我一生荣获了很多奖项和证书，但是此刻这个证书对我而言胜过其他一切证书。经历过艰难的日子，历经病情反复、梭状芽孢杆菌、肺炎，我还是活到了手术后 100 天，对此医生们很乐观，认为骨髓移植手术见效了。小赛格真的拯救了我的生命。

骨髓移植手术患者面对的最大威胁之一，是出现移植物抗宿主病（GVHD）。简单说来就是，从捐献者身上抽取的干细胞在患者体内形成新的免疫系统，但是新的免疫系统确认患者身份异常，于是便不再保护患者的身体，而是展开攻击。移植物抗宿主病能够致命。幸运的是，我的体内没有出现移植物抗宿主病的迹象。然而，医生们还是给我用了 6 个月的免疫抑制剂普乐可复，以预防移植物抗宿主病，这意味着，出行会让我的免疫系统冒极大的风险。6 个月期限的到期日是 2015 年 3 月 1 日，也就是纽约城举办的全明星赛开场两周以后。

1 月末，在接受了北区医院的常规治疗之后，我的体重有所回升，痛风好了，头发也长出来了，肺炎也已痊愈。骨髓移植手术后，我的病情稳定了，不过血液里尚有点小麻烦，因为我的血细胞数量还在减少，医生们认为，这可能只是普乐可复的副作用而已。尽管如此，我还是信心十足地准备重返工作岗位。

“亲爱的，我回来啦！”

1 月 31 日，我见了霍兰德医生，我们讨论了回归电视广播工作的事。嗯，的确也没太多需要讨论的。霍兰德医生担心我的免疫系统还很弱，不想让我去纽约出席全明星赛。在我的一再恳求下，他不得不让步，建议我开车去纽约，或者坐私人飞机，避免在机场感染病菌。但是，他也规定，我不能跟任何人握手、拥抱，或者与任何人有身体接触，最后我还是决定不去冒这个风险了。

尽管我出席全明星赛的目标没有实现，不过特纳有线电视网还是安排我在全明星赛期间通过卫星采访卡梅隆·安东尼——我在奥兰多（霍兰德医生只同意我们开车到奥兰多），卡梅隆则是跳球前在纽约的更衣室外边——这样一来，我还可以继续参与一年中我最喜欢的一项周末赛事。

到了 3 月，医生们终于准许我旅行了。我将芝加哥定为自己回归后的第一场赛事，日期是 3 月 5 日。患病前播报了 2014 年 4 月达拉斯那场比赛后我再也没有参加过直播，现在要回到赛场边了，对此我有点儿紧张。我想让史黛西陪我去，并且提前几天到了，这样我可以适应环境，可以去观看球队的投篮训练，另外也可以找找感觉。比赛前夕，我和史黛西匆忙吃了点东西就回到酒店，没有按我的老规矩和朋友们或者特纳的同仁们去当地的酒吧待到很晚。那个夜晚与以往不同，我深知自己的首要任务是休息。

我不知道，迈克 · 巴特利特、克里斯 · 查廷、迈克 · 乔尔、里基·海恩斯、戴夫·帕斯特、托尼·萨拉洛、巴里·怀特和史蒂夫·扎霍罗德尼，这 8 位高尔夫球友会从乔治亚州飞来观看这场比赛，许多朋友还开车从巴达维亚过来。我穿上自己的一身行头，朝联合中心挺进。我的电话里塞满了鼓励的短信：

我的朋友，欢迎你回来。举世无双的赛格斯缺席的 NBA 赛场今非昔比！！！你永远是最棒的队友！！！

——道格 · 柯林斯，前 NBA 主教练兼特纳现场评论员

克雷格，我听说你今晚要回来工作了！我们克利夫兰的全体同仁以及我本人的喜悦之情难以言表。自从你离开赛场去抗击病魔以来，我们总觉得“缺了点儿什么”。欢迎你归来，要一直留在我们

身边哦！

——丹·吉尔伯特，克利夫兰骑士队老板

回来的感觉很奇怪。球迷、球员以及教练们的满腔关爱与支持确实很浓烈。尽管我对大家的深情厚意感激不尽，但更希望事情能回归常态。常态意味着可以聊聊篮球、收集信息、播报比赛。

公牛队为我制作了一个精彩的致敬视频，想到我为了回到这里所经历的一切，听到联合中心的人们全体起立后经久不息的掌声，我差一点儿哭了。

第二天早晨，我和史黛西飞回亚特兰大，因为北区医院事先给我安排了检查。我正跃跃欲试，准备外出几周报道全美大学生篮球锦标赛，医生们想在我出门开始长途旅行前最后再做一次检查。

我的心情好极了，对于又做一个骨髓活检以及一系列血液测试都不以为意。能看到熟悉的面孔其实很好，这也再一次提醒我自己在抗癌的征途上跋涉了多远。

这其中就有我最喜欢的护士珍妮特·本恩。她四十多岁，成天笑嘻嘻的，充满着活力。我们喜欢聊高尔夫球场和篮球，她说她是我多年的粉丝。她之所以是我最喜欢的护士，是因为她是北区医院唯一一位给我做骨髓活检时不会把我弄得狂叫的人。

活检及验血之后又过了几小时，珍妮特走进我的病房，看到她我很高兴。

“有带什么好消息来吗？”我问道。

她的眼神让我明白了一切。

不久，霍兰德医生走进来告诉我，我的病情没有被控制住。这太糟糕了。白血病不单单是杀回来了，而且来势凶猛。

“你还有 3 ~ 4 周的时间。”他说道。

假如有人告诉你，你在世上的时间只剩下 3 ~ 4 周了，你会作何反应呢？

我别无选择，唯有暗自发誓，我绝不会在3周后死掉。对于死亡，我从来没有考虑过。我有太多活下去的理由。我不会让白血病打败自己。

史黛西大哭起来，我的心也碎了。那天，我们俩都很难过，这是我人生中最糟的一天。实际上，这件事给我敲了一记警钟，我终于醒悟，经历了近一年的时间，白血病依然不会被轻易打败，而且最终可能会杀死自己——但是，我坚信，白血病不会这么快就杀死我。2014 年，我的病情得到控制，7 月成功地做了骨髓移植手术，在这之后我以为自己已经稳操胜券了。然而经历了这一切，外加化疗、肺炎、痛风、疼痛之后，我又回到了这里。我的战斗尚未结束。

霍兰德医生给我安排了一轮为期 10 天的化疗，但是没有什么起色。肺炎又强势回归，3 月底我又住院了，住了几周。我的病情在恶化，我能选的康复治疗方案越来越少。另一项活检显示，“未成熟胚细胞”值为 30%，我和史黛西很绝望，需要试试新的治疗方法了。我们与霍兰德医生商议后决定，转去休斯敦的 MD 安德森癌症中心，那里有享誉世界的护理以及许多临床试验，而这往往是已无药可救的病人最后的求助之所。

到目前为止，我已经将霍兰德医生的 3 ~ 4 周死亡裁决大大延长了几个月，但是我也明白，时间紧迫。有趣的是，在别人告诉你你的时日不多的那一刻，时间往往就有了新的含义。

我们回家打包行李，准备去安德森癌症中心住院，但我首先担心的是，我到休斯敦的第一天穿什么衣服？

我钟爱五颜六色

许多小孩子都有自己的“心爱之物”，它通常是一条破旧的毯子、一个动物毛绒玩具，或者也可能是一块普普通通的布。而我迷恋的，是怀亚特·厄普戏服。7 岁时，我有一次与家人去观看球队的春季训练，父母给我买了一套怀亚特·厄普的全套戏服，包括一顶黑帽子、一件带有红色星星的白衬衫和一个黑色领结。我美滋滋地穿着它们去看了波士顿红袜队的春训比赛，这副装扮制造了一些滑稽的效果，也让我得到了球员的亲笔签名。红袜队的内场手比利·康索洛觉得我的厄普套装很酷，于是带我到球员更衣室，在那里我得到了所有球员的亲笔签名，包括伟大的泰德·威廉姆斯的签名。回到巴达维亚的学校后，那一年剩下的日子里，每一天我都穿着那身行头，天天如此。也许当时我觉得它能给自己带来好运，或者那时我觉得它能给自己带来安慰——就像一块非同寻常的安全毯。或许，正是那时候的经历让我埋下了毕生追逐时尚的种子。

1969 年，巴达维亚高中和数以千计规模不大的小镇高中一样，单调乏味、墨守成规、平淡无奇，毕业纪念册上毕业生的一张张照片便是最好的写照。学校要求拍摄毕业纪念册照片时，每个男孩都必须穿黑色或藏青色的短外套、白领衬衫，年年如此，每一张照片看上去都一个样。一张接一张，千篇一律。我想要打破这个规矩，而一名门基乐队的歌手给了我灵感。

门基乐队是活跃于 20 世纪 60 年代的一个四重唱流行乐队，他们的电视表演非常受大众欢迎，首批专辑包括“追梦人”大获成功。主唱之一的戴维·琼斯打扮相当时尚，他身穿色彩鲜艳的、带白色高领的蓝色尼赫鲁式上衣，外加一件长及臀部的外套，这种穿着源于印度前总理尼赫鲁，后来因甲壳虫乐队流行开来。我在附近一个小镇找到了一件尼赫鲁式高领紧身长上衣，认定它正体现了我的个性。

等我走进去拍毕业照时，摄影师还以为我是故意搞怪，同学们也都不相信我能得逞。不过我跟摄影师据理力争，他最后让步了，因为他意识到我不会让步。他想着，反正照片不合格最终还得重拍。可惜他的第二个想法落空了。巴达维亚高中 1969 届毕业生的毕业纪念册上其他男孩都穿着短外套，只有我例外。

在西北大学时，我加入了啦啦队，成了吉祥物，我宿舍的衣柜里所有东西都是紫色的（学校的代表色）。所有花花绿绿的装束我都来者不拒，而且穿亮色衣服——比如紫色——让我自我感觉更棒。

等我步入职场，坚持穿艳色服装的习惯以一种相当奇怪的方式继续着。在坦帕开启气象预报员的工作时，我挑选的是一件黄蓝白三色泡泡纱西装。在迈尔斯堡，我抓住一切机会，穿着代表赛前动员会和橄榄球赛主办学校颜色的衣服。当我搬到冬季寒冷的堪萨斯城时，直播期间穿亮色衣服的机会没有以前那么多了，但是我仍然想方设法穿色彩明快的衬衫和大衣。1981 年被 CNN 雇用后，泰德·特纳告诉我，CNN 正在争取公众的信任与支持，因此我的外表装束要保持色彩柔和与低调。我尽力了，有段时间直播时只戴一条彩色领带。但是，随着我在新闻网的地位日渐巩固，我觉得有必要突破服装的重重限制了。

我对服装的真正关注始于 20 世纪 80 年代，即我开始给 NBA 比赛做场边报道之时。那时候，我的衣柜里挂满了数百件五颜六色的衬衫、西装、领带以及鞋，每一种搭配组合都尽量不重复地穿第二次。在华盛顿举办的 2001 年度 NBA 全明星赛上，我挑选的是一件华丽的黑色及银色外套，内穿一件黑色衬衫，打着银色领带。在为直播做准备时，我丝毫不理会一些人的嘲笑声，但是节目中途导演告诉我，NBA 总裁和新闻网总裁命令我换掉外套，这让我大为震惊。我感觉仿佛自己身上的一部分被扯掉了。我换上一件不太显眼的外套，完成了直播，但是也因此受到了伤害。

大卫・斯特恩总裁为整个联盟的教练和球员制定了着装要求，他希望他们的新闻网合作伙伴也予以遵守。因此，每当我获悉这位总裁将出席我要报道的比赛时，我总是尽量穿颜色朴素且低调的衣服。但是有一场比赛，我没注意到斯特恩及其夫人戴安娜也在看台上观战，竟然穿了一件典型的赛格式外套。我看到他从座位上扫了我一眼。我走过去和他握手，他的夫人称赞我的外套好看，说了句“体育就是充满了乐趣”，总裁的态度也貌似改变了。从那以后，我就感觉自己终于不再生活在他的显微镜下了。

如今我的压力是，如何在一场又一场比赛、一座又一座城市中都能穿出鲜艳夺目的服装。常常有球员在比赛前走过来跟我聊我的服装搭配，或者给我推荐裁缝或设计师。

对我来说，衣如其人。我认为，生活理应充满乐趣，你的穿着也应当如此。这与他人的关注度乃至是否传递信息无关，它关系到你对自我、对自己的真我是否具有良好的认知。患病后，每当回归工作，做直播时我就马上穿起以橙色为主色调的服装。橙色是白血病知识普及宣传活动的代表色，我甚至还有一件专为我量身定做、色彩鲜亮的橙色短外套。

在休斯敦时，身为一名白血病患者，我无法每天都搭配出色彩亮丽的套装，但是我依然穿上五颜六色的短裤或衬衫，为每一天增加一点色彩。（我的好朋友史蒂夫·库宁给我定制了一件缀有亮片的病号服，马夫·阿尔伯特为我剪裁了一件超人披风，以便在医院需要时用。)我非常感谢他们送我这些礼物,因为我需要每一寸亮色。

第三部：转战休斯敦

彭马拉朱医生其人

20 世纪初，门罗・安德森及其生意伙伴经营着世界上最大的棉花贸易。安德森以德克萨斯州为大本营，积累了庞大的财富，他将其中一部分财富用于投资，创立了 MD 安德森基金会，主要目的是为了使他的遗产继承人们在他去世后避免缴纳高额的遗产税。他本人于 1939 年去世，在随后的几年里，基金托管人由于没有得到创始人有关资金分配方面的特别指示，于是决定拨款五百万美元在休斯敦修建一所以安德森名字命名的癌症医院。

如今，MD 安德森癌症中心是世界排名第一的癌症医院。它拥有 2 万名雇员，每年接诊患者 13.5 万人次，另有 9400 位临床试验患者。安德森癌症中心不仅在患者护理方面非常出色，而且因为拥有领先的癌症研究机构而享誉世界，一年投入的研究经费近 10 亿美元。它隶属于位于休斯敦市中心的德克萨斯医疗中心，该医疗中心占地 1345 英亩，内有 21 家医院，数以百计的建筑物，还有骄人的医疗成绩——挽救或延长了数百万人的生命，每天接待的访客超过 16 万人。

我的未成熟胚细胞值已超过 30%，而北区医院给我做的化疗也已无效，面对这种情况，我和史黛西把希望寄托在了安德森癌症中心的医护人员身上。我们的初诊时间安排在 5 月 6 日，我和史黛西提前一天抵达，因为我习惯于提前踩点，这样心里感觉踏实一些。我们办理了酒店入住手续，然后到医疗中心四处走走看看，找到了我第二天要面见已预约医生所在的各个大楼。我并不紧张。某种程度上说，我很兴奋，因为我有希望了。

当我们走进第 6 幢楼的大门时，我激动万分。从大楼的大小、病人数量，以及办理入院手续后递给我们的日程表判断，这是第 6 幢楼。在接下来几天的安排里，我们预约了几十位医生，遍及多幢建筑的所有楼层。验血在这个楼层，扫描检查在那个楼层，会诊又在另一个楼层。我们四处跑，到处都是病情处于不同阶段的抗癌斗士。

1144411 号，这串数字就是我现在的代称，是我在医院里的身份号码，这对我来说当然很独特，但是它也提醒我，我只是成千上万来安德森癌症中心求助的患者中的一员。

度过了豚鼠般筋疲力竭的一天之后，我们终于见到了我的主治医生纳文·彭马拉朱。我不知道自己对这位新换的医生有何期待，但是我知道，我在期待奇迹出现。和“彭医生”相处短短几分钟后我就明白了，我们来对了地方。彭医生是一位优秀的血液病专家、肿瘤病专家以及白血病专家，言谈风趣、善解人意、很有活力，他能一边讨论血小板功能障碍的细节问题、白血病细胞杀伤的详情以及临床试验的内部运作情况，一边闲聊科比·布莱恩特退役、泰格·伍兹状态低迷，还有迈克尔·乔丹很有魄力。跟我回顾了病历后，彭马拉朱医生坦率地表达了自己对我病情的评估，同时也决定积极推行我们的行动计划：他要让我参加临床试验，让我健康起来。我喜欢他的积极态度。

临床试验是世上成千上万癌症患者的救世主。临床试验允许医生给患者使用尚未被美国食品和药物管理局认证、仍处于早期阶段的药物，自申请至获准进入临床试验，其间需要长达两年时间。

病人们迫切需要新的治疗方法，渴望受益，当然，如果有效的话。这对医生们而言是好事，因为他们的研究能帮助确定药物在不同病情阶段患者身上的有效率。药品制造商也可从中获益，因为他们通过运用临床试验测试了其药物的效力，从而帮助他们取得美国食品和药物管理局的正式许可——这让他们能够赚上数十亿。

临床试验分为 4 个阶段，不同阶段投入的资金量以及预期目标不同，这取决于癌症的罕见程度。第一阶段通常允许医生们为 15 ~ 30 位患者找到某种药的安全剂量，从而核实应该如何实施这种新疗法，监测该药品对人体的作用。第二阶段的患者不足 100 人，关注的焦点是新疗法对特定癌症及人体的疗效。第三阶段的患者数量可达 100 至数千人，医生们在此阶段将某种新疗法与目前的标准疗法加以比较。最后是第四阶段，它着眼于群体庞大的患者，用以研究该种新疗法长期的安全性和有效性。

临床试验可能是我唯一的希望，但是首先我需要做化疗，而且事不宜迟。彭马拉朱医生为我制定了一个治疗计划。护士们带我去看了他们给我安排的隔离病房，我可绝不想再次被隔离，哪怕为此要承担风险——尤其是听他们说了，连史黛西都不能进入隔离病房，我更是坚决不从。那样的话，在白血病把我击倒之前，我会先心碎而死。

5 月 14 日，我终于被接收进医院，此时我的未成熟胚细胞值已达 34%，而且还在上升，彭马拉朱医生和 MD 安德森癌症中心移植部主任穆扎法尔 · 恰兹尔巴什医生给我启动了一轮为期 4 天的毒性药物化疗。这会奏效吗？做第二次移植手术能挽救我的生命吗？

2001 年，在英国温布尔登网球锦标赛上，结束美国全国广播公司体育台的工作后，我立刻向陪在我身边的史黛西宣布，我要完成自己的一项人生目标，那就是去西班牙潘普洛纳跟公牛们一起赛跑。她很了解我，知道只要我下定决心做什么事，别人就很难劝阻，于是我们飞到了巴塞罗那，租了辆车，预计要有两个小时的车程。我不喜欢开长途车，也从没开过。像我这样一个向来忙忙碌碌、时刻准备着奔赴下一个目的地的人，在一辆车里连续坐上超过一两个小时，就形同被时间绑架一般，所以当我们花在路上的时间已经超过了两小时，但是仍在赶路时，我就掉转车头开回了巴塞罗那，然后我们飞到了潘普洛纳。

参加过新奥尔良狂欢节或者巴西狂欢节的读者朋友们大概知道，相对而言，奔牛节的狂热程度、节日气氛、活跃程度要比它们浓烈 10 倍。这座城市挤满了游客，以及成千上万、从头到脚一身白服的人们。我们抵达后不久差一点儿遭窃，对此我倒不觉得吃惊。在市中心一家酒店办好了入住手续之后，我就开始筹划第二天的行动。我要穿一身白，一大早赶到起跑门，史黛西要在快到终点线的路上迎接我。

天刚破晓我就起床了，我还赶在全城沸腾之前跑了跑步。这是我第一次来潘普洛纳，我敢肯定当时的我们都是一脸困惑的表情，后来又急匆匆地往终点线冲刺，所以一看就是菜鸟。瞧，我弄清楚了，要是我赶在他们打开大门、把公牛们放出来之前跑下山，那我就能让自己有一个安全的缓冲。可是我却不知道，在公牛们被放出来之前起跑的人会被拽回去，然后赶回起点。

阻拦公牛们的大门打开了，洪亮的咆哮声响彻街道，我的心随之怦怦跳。我跑了起来，像阿甘一样跑着，马不停蹄地跑着。我一直跑过沿街的人群，跑过沿线的面包店和商店，一直看到史黛西才停步，我以为这里就是终点线。当我停下来让她拍照时，我瞅了一眼身后，却没看见有奔跑的公牛，连公牛的影子都没看到，那就是说我跑在它们前面。当然，按照惯例，在公牛们从我身边跑过去之前我不能走出街道，于是我等呀等。突然，一群白衣男子犹如涌向海岸线、排山倒海的巨浪一般尖叫着朝我这边跑了过来，有人浑身是血，人群中还有狂暴的公牛。

人潮将我们带到了小镇的体育场。在这里，组织者们把另一群公牛放入人群。我在草地上发现了一个大桶，于是跳了进去。

我心想，我可再也不跑了。

坐在 MD 安德森癌症中心，我突发奇想，既然自己能逃脱公牛的追赶，那也能逃脱白血病病魔的袭击。我要再一次带着儿子并肩奔跑。

第二次机会

小克雷格·赛格　撰

2015 年春天，爸爸的白血病复发，这让我有一种前所未有的内疚感和挫败感。第一次骨髓移植手术后，我和爸爸在停车场庆祝的情景一再浮现在我的脑海。次数越多，我就越怀念那种感受。我心存希望，却和自己的信心玩捉迷藏，玩得筋疲力竭。

我的姑父在探望我父亲的期间病倒了，最终于 5 月 9 日在北区医院因先天性心率衰竭去世。在他的葬礼上，我觉得非常无助，与所有家人一样，我的内心也无比痛苦。对我来说，在第一次骨髓移植手术中，我不单是给爸爸捐献骨髓的人——我觉得好像从某种意义上来说，我是在拯救自己的家庭，如今我却眼看着这个家要再一次被撕裂。

在所有电台或电视采访中，每当被问到我父亲的抗癌经历时，我都努力像爸爸一样保持积极乐观的态度，但是从我嘴里说出的话和自己实际感受间的差距在不断增大。

当爸爸和史黛西去 MD 安德森癌症中心就诊时，我又充满了希望，因为我知道那是世界上最好的医院。

5 月 26 日，我在亚特兰大猎鹰队总部圆满完成了该队春训最后一天的报道。当晚回到家里，我打包行李，准备第二天早晨去坦帕看望姐姐。此时，手机响了。

“小赛格。”史黛西说道，“你父亲需要你。”

史黛西向我解释说，爸爸的病情很危急，急需做第二次骨髓移植手术。尽管第一次手术失败了，医生们还是想再试一次，但是这次将采用不同的方案。没等我们的谈话结束，第二天早上飞往休斯敦的机票便已经订好，我的邮箱里已经有 MD 安德森癌症中心发来的预订行程，上面列出了捐献流程前 3 天的安排，因为这次的程序相较之前大不相同。

之后不到 12 小时，我便抵达休斯敦。爸爸的病情在恶化，我们面对的是前所未有的重重困难，但是我知道，自己还有一次机会，可以助他焕发生机。

离医生的首次约诊时间还有 40 分钟，我甚至来不及办理酒店入住手续、卸下行李，就按照行程要求急匆匆穿过机场大楼，冲到 MD 安德森癌症中心一面巨大的广告墙旁，上面写着：目标只有一个——攻克癌症。我深吸一口气，让这简单的信息在自己的脑海里回响。我定下心来，踏上漫漫长路。

医院的高效率与井然有序给我留下了深刻的印象。我手拿捐献者清单，和数以百计的其他患者一道穿梭于不同楼层、不同大楼。这里没有一道程序、一条等候的队伍是我所不熟悉的。为了把验血程序做完，我在前台扫描了自己的腕套，然后拿到一张索引卡大小的表格，上面有随时可以撕下来的打印标签，然后把标签贴在当天需要的不知多少个采血小瓶上。最后，我被领进一间病房，里面有几位护士正各自忙碌着，此时正准备离开。眼神交换与一把空椅子是这里约定俗成的交流语言。他们就像后勤维修人员一样给我们带路，忙进忙出，我都来不及倾诉一下，验血工作就要结束了。但我觉得无比轻松——至少第一天的工作是结束了。

这次的骨髓移植手术与第一次不同，不是直接从我的骨髓里抽取移植物，而是每天打一针，使我的血液里产生足够的白细胞，这样他们就不用在我的骨头里打眼抽取干细胞。

每天的验血都安排在早晨，之后就去见要采集干细胞的医生们。我的腹部每天要注射用来增加干细胞和白细胞数量的优保津。我在网上查看了优保津的相关知识，得知捐献者可以自行注射。实际上，医生们也问过我，想不想每次自己把针头戳进腹部。大多数时候听到这句问话，我都用尴尬的哈哈一笑来回应。我觉得自己双腿的血液日渐充盈，身体越来越重，胸部感觉也越来越发紧。这种不舒服感表明药在起效。

见医生的空档时间我就守在爸爸的病房里，最后他都受不了了，命令我“还是玩你自己的去吧”。结果，我在休斯敦打了高尔夫，游览了当地的体育场馆，参观了莱斯大学校园，抽空看了一场休斯敦太空人队的比赛，还去了一趟自然科学博物馆。去博物馆期间，德克萨斯突发山洪，闭馆后我又被困在展馆里面好几个小时。爸爸在病房里看到了天气预报，在电话里和我一起狂笑，因为我饿极了，而唯一的食物来源是博物馆礼品店的冰糖。

爸爸每天都在固定的时间散步，这是他唯一可以走出病房的时间，所以我总要赶过去陪伴他。这样的散步对我们俩都有医治功效。他在前面带路，身上的病号服和口罩穿戴得远比医生建议的要宽松。他坐在轮椅上，身上挂着一堆管子、电源线、化疗药物以及监测器，穿行在他能想出的最悠长、最漂亮的小路上。当初医生们告诉他可以去户外散步，绝没有想到会这样，而这正是我所期待的。我们走遍了医院的每一个角落，包括他每天去骑自行车的一个秘密健身房。我们总是在医院的花园外结束散步，爸爸在那儿找到了一条他喜爱的长椅。我们坐定后，他立马就忙了起来，打电话，欣赏医院周围整洁而美观的景致，直到医生们催促他回去，或者他接下来要接受治疗或签到。潮湿而酷热的天气简直令人窒息，但是既然他不在乎，我也就无所谓。

以前，我和爸爸的每一次旅行往往不是参加派对，就是出差，记忆中这就是我们的全部活动。高尔夫之旅、流连于一家又一家酒吧开怀畅饮、巴哈马之旅、篮球季后赛——这些是他患癌之前我们所知的唯一的生活节奏。此时此刻，我们两个人在共同经历人生的一大重要时刻，面对着前途未卜、凶多吉少，甚至可能已近穷途末路的境遇。我们只知道，讨论白血病，或者医院，或者任何与室内活动相关的事情都会中断那一刻。散步时，我们会聊在休斯敦他最喜欢去的地方，也会对那些偷偷靠近我们抢食物吃的鸽子们大加赞赏一番。

鸽子们让我想起了 1996 年的奥运会，当时亚特兰大市政府为了减少鸽子的数量而残忍地大开杀戒。我们也回想起在马里布的整轮高尔夫赛，当时爸爸身穿的紫红色印花短裤受到四周饥肠辘辘的蜂鸟的空袭。每当我们聊完天，或者到了该离开的时候，我们都喜欢走回他的病房。我重新换上病号服，戴上口罩，爸爸则回到一个挂着暖身衣和 T 恤衫队服的旋转衣橱跟前，准备在签到簿上又勾去一天。

医生们给我的身体注射了足够的优保津，使其在血液里处于饱和状态，为了保险起见，又额外打了两针。6 月 2 日，我进入采集流程，或者叫干细胞采集流程。时至今日，一听到“干细胞采集”，我还是会被激发起巴甫洛夫式的神经冲动，吓得放下衣袖缩起胳膊来。不过在医疗界，这是一项医疗技术，就是将捐献者的血液分离以采集一种特殊物质（即干细胞），然后将剩余的血液再输回捐献者体内。

在干细胞采集过程中，我注意到了一件事：那种针很像圆珠笔。护士们将它深深地扎进我的两只胳膊里，我咬紧牙关，这时才发现，这次的采集比第一次疼多了。我看着自己的血液从一只胳膊里抽出来，经过紧挨着我的那台闹哄哄的血液透析机过滤，通过透析机的网状管过滤，然后从我的另一只胳膊再流回体内。如果血液从我胳膊流出的速度比要求的慢，机器就会发警报，那我就得加快捏压力球的速度。在整个采血过程中，我都在有节奏地捏这个压力球。我本以为自己已经克服了对针头的恐惧感，但是现在眼看着血液不停地从我的身体里往外排，我无法做到视而不见。我尽量保持一动不动的姿势，但是我的身体绷得越紧，就得花越长的时间做到纹丝不动。

一天的采集工作结束后，护士们就把针拔出来，然后把采集到的细胞送到实验室以检测采集量是否足够移植使用。我信心满怀地认为自己作为捐献者还够年轻，我本人的免疫系统很好，因为打了一周的针而发肿的腹部也没出现问题，就以为采集流程到此结束了。

然而，第二天早晨回到医院，迎接我的又是两针优保津，还有一个新病房号——已采集的干细胞连预计需求量一半的临界值都没到。至少这会儿护士们很清楚，那天最好不要问我想不想自己动手给自己打针这样的问题。躺倒时，我那青肿的静脉还在发疼，护士们又把之前的流程重复了一遍。针扎得更多，血抽得更多，我捏的压力球也更多。我的脑海里萦绕着一个念头，必须再订一个航班，要是他们采集的量不够，那我还得再飞回医院。

6 月 4 日，我等来了期待中的消息。医生们采集到了预定的 600 万干细胞，而且远不止这些。因为要赶当天晚些时候的航班，我冲到爸爸的病房里转达了这个好消息，也跟他道别。然而，还没等我卸下包袱开心开心，我身后便有一队医生走进病房，带来了自从爸爸被确诊病情以来最意外、最可怕的消息，把我们都彻底打懵了。

自几周前来到 MD 安德森癌症中心就诊以来，使用的化疗药物统统无效，爸爸的白血病胚细胞值飙升至 74%，这可能会致命。胚细胞值降至 8% 以下，医生们才会考虑做骨髓移植手术，这样一来手术便被搁置了，当务之急是医生们能否挽救爸爸的生命。爸爸和医生们讨论治疗方案时，我就静静地坐在一旁，不知所措。我想留下来，但是爸爸坚持说我已经做得够多了，我该去赶飞机了。

既然他想让我离开——也许他需要我离开，于是我尊重他的意愿，但是离开医院时我满脑子只有一个想法：除非有某种奇迹出现，否则我所做的努力以及干细胞捐献都是徒劳。爸爸正在走向死亡。

锲而不舍

当彭马拉朱医生告诉我，我的胚细胞值升到了 74% 时，这简直如同迎面一记左勾拳，恰中要害。尽管我身上有着不服输的基因，但我也明白残酷的现实就摆在面前：我的白血病咄咄逼人，正在想方设法打垮我。血不自觉地从嘴巴和鼻子里流出来，我的血小板值也低得可怕。化疗使我的免疫系统变得极为脆弱，我已经几乎没有力气再抗争了。

“这是急性骨髓性白血病在骨髓移植手术之后复发了，如果不治疗，可能会在几周到一个月内夺走你的生命。”彭马拉朱医生告诉我，“除非我们能找到一种方法延长你的生命。”

几周到一个月。是呀，没错，3 月霍兰德医生就给过我 3 周的期限，现在跟当时的情况如出一辙。医生们凭什么要用计时器来度量我的生命呢?

“不过我有一个计划。”彭医生说道，我的双眼一下亮了，“我们打算让你接受一种新型的强力临床试验，要把这些麻烦统统搞定。”

我信任他——不只是因为他对自己的医术心中有数，而且因为他是在同我们并肩作战，而不仅仅是替我们战斗。他立刻开始运作，去确定适合我、可以马上开始的临床试验，护士则动手做起了那一大摞表格填写工作。

“这是能缓解你病情的最佳时机。”他提醒我。这时，我还在应付那堆烦人的官方手续。

6 小时后，彭马拉朱医生带回了糟糕的消息。他打算给我做的那项临床试验所采用的一种药是我最后的生存希望，但是该试验从未获准在已经做过干细胞移植手术的急性骨髓性白血病患者身上施行。

“不行！”史黛西抢着说道，“他们这是要把克雷格唯一的机会夺走。我觉得还是让我们来处理这事儿。我知道只要再填几份表，打几个电话就可以把这事儿搞定了……30 分钟就可以弄好，我们绝不接受拒绝的答复。”

沉默了片刻，这时彭马拉朱医生的视线飞快地从史黛西身上移到我身上。

“太棒了，那就这么办吧！”他说道，“咱们行动吧！”

说罢，彭马拉朱医生就消失了，我们则静候消息。我和史黛西拉着手，她一个劲儿地对我说，我们肯定能做临床试验，试验肯定会有效，我会没事的。她的信心与安慰对我而言弥足珍贵。几分钟后，彭医生回到病房，带来了最新消息。生产临床试验所用整套药物的生物技术公司在日本，除非公司董事会集体同意，否则公司绝不允许将我纳入临床试验。彭马拉朱医生想提请董事会进行表决，但是遭到了恰兹尔巴什医生的反对。他告诉彭医生，我不能参与临床试验。

“不管什么情况，”史黛西说道，“这个试验必须做。”

于是，彭马拉朱又去忙活了。几小时后，他告知我们，董事会将考虑我的病例，但周一之前他们都不会碰面，因为我们这边已是周末了。

我能坚持到周一吗？我问自己，不过紧接着就打定主意：当然能。

“锲而不舍”是有些家伙用来描述我的好字眼。比起我在职业生涯中也听到过的“讨厌鬼”或者“眼中钉”，我猜这更像是一种恭维。我锲而不舍地追新闻——最早开始于我在萨拉索托的第一份工作，那时我在电台担任最新消息播报员。我会在凌晨 5 点给市长打电话，核实自己前一天深夜听到的消息。

1995 年 8 月，当双料体育明星迪昂·桑德斯从辛辛那提红人队转会到旧金山巨人队时，他谢绝接受媒体采访，我想成为从“黄金时段”拿到消息的第一人。数十年前，我在迈尔斯堡报道过当时年仅 10 岁的迪昂参加的少年橄榄球赛，报道一场比赛可以从赞助商百事可乐公司得到 25 美金。没错，当时年仅 10 岁的迪昂在场上的表现非常棒。我利用这一层关系找到了他母亲，居住在佛罗里达的康妮·奈特女士。在她的帮助下，我成功地采访到了迪昂。

1997 年 3 月，沙克·奥尼尔是洛杉矶湖人队的一员，一年前的夏天他作为自由球员与湖人队签约，结束了与奥兰多魔术队的合作。湖人队要客场对阵沙克的老东家，但身负伤病的他拒绝与媒体对话，而是选择躲在他位于奥兰多郊外的艾尔沃斯别墅里。我知道，大门口的保安绝不会放我和电视台的同仁进去，因此我得另辟蹊径。

我们开车绕着湖走，最后发现了一个船只下水点。我注意到，一个男人正吃力地往水里拖一辆摩托艇，于是主动上去帮忙，并乘机提出要求：他得带我去沙克家。于是在同事们的帮助下，我们将船弄下水，然后在艾尔沃斯水域巡航，最后发现沙克的船就停泊在他家后面。这时沙克正在外边投篮，但是无论我怎么动之以情，晓之以理，他就是拒绝跟我交流。我跟这位高大魁梧的家伙求情说，我和我的同事们费了很大的劲儿才到这儿——你能不能行行好，跟我聊两句呢？

“下次我要把鳄鱼全都放出来撵你们！”他冲我说道。

不过我还是成功地搞到了采访。

我猜，要是真有哪位运动员把我视为眼中钉、肉中刺，那就是“十月先生”，纽约扬基队伟大的雷吉·杰克逊。当年在迈尔斯堡，我还是个初出茅庐的记者，扬基队来该城时我就去做过报道，但是一直采访不到雷吉。他会开着一辆劳斯莱斯车在比赛开场前直接冲进球场，掠过向他索要签名的年轻球迷。身为一名记者，我很想采访他，于是一路追随扬基队从迈尔斯堡到萨拉索塔，再到劳德代尔堡，一直千方百计地想在他进进出出的路上跟他聊聊。

在职业生涯的这个阶段，我依然是独挑大梁的“单干户”，拖着一个大大的老式木制三脚架，一台好像有千斤重的老旧摄像机，我走到哪儿，我的装备就跟到哪儿。扬基队在迈尔斯堡有一场比赛，我下定决心这次一定要搞到采访。我知道雷吉有个习惯，他总是在队友们到来之前早早地换好衣服，离开停车场，于是我在他的劳斯莱斯后面几英尺的地方架设好三脚架和摄像机，彻底堵住他的去路。

“雷吉，我都准备好了。”我满脸堆笑地央求他。

他耸耸肩，皱皱眉，仍然说他没空。

“求你了，就回答几个问题好吗？”

于是，在迈尔斯堡的停车场，我顺利地采访到了他。

有时候，个人的运气需要靠自己创造。从那以后，每次雷吉在赛场或新闻发布会上看到我，都会微笑着叫我“单干户”。

这就是锲而不舍的精神。

事实证明，史黛西同样锲而不舍。这种魄力至少让我们有了熬过周末的希望。

丹尼尔和布兰登

周末的等待非常折磨人。我在垂死挣扎，唯一的希望寄托在一群素未谋面、远在他乡的日本商人身上。他们并不认识我，也不知道我的爱妻和孩子们有多么需要我，他们肯定不知道，可能也不关心我是个体育频道解说员的情况。机会总是与我们背道而驰，可这种状况不是已经持续了好长时间了吗？

周一晚些时候，奇迹出现了，我们接到消息：可以启动新的临床试验了。

彭马拉朱医生、史黛西、护士们以及这个抗癌团队的每一个人都激动不已，不过彭医生列出了其中存在的所有风险。

“我们要连续做 14 天、每天 24 小时的化疗。”他说道，“其中一个风险是，化疗有可能造成你的各个器官衰竭，最终夺去你的生命——不过结果也可能恰恰相反，化疗也许会救你一命。”

彭马拉朱医生解释说，世界上还从来没有什么地方对我这种病情的急性骨髓性白血病患者施行过如此高强度的化疗。要么化疗杀掉我，要么白血病杀掉我，要么也许——只是也许，我能奇迹般地活下来。

于是，6 月 9 日，我开始了 14 天昼夜不停的化疗。因为我谢绝住在隔离层，而坚持待在“白血病区”，我的自由多了一些。实际上，按照医生们和护士们的吩咐，所谓自由就是不能离开医院。我和史黛西每天都会抽几分钟时间在外边的院子里散散步——身穿病号服，戴着手套和口罩，拖着我正在用的化疗装备。我所需要的就是感受一下新鲜空气，看看晶莹剔透的蓝天上飘动的云彩。至于说化疗，我感觉棒极了，我的身体还能承受，只是开始掉头发。

14 天后的 6 月 23 日，医生们停止了化疗。好消息是，我还活着，但是在做活检之前我们还不知道化疗是否奏效。（就在我写这本书的时候，我的吸引术和活检次数达到了 23 次，而且还在累计增加，我成为了这场百无禁忌的医疗流程方面相当权威的人士）。

两天后，我做了骨髓活检，实际上我很期待做这项检查，因为我知道这是了解我的未成熟胚细胞值是否下降的唯一途径。结果出来了：我的未成熟胚细胞值降到了 0%！太棒了！两周之内，我的未成熟胚细胞值从让我濒临死亡的 74% 降到了 0%。奇迹般的临床化疗试验成功了。史黛西的极力推动、彭马拉朱医生的支持以及一种日本药挽救了我的生命。

既然我的病情重新得到了控制，医生们便开始着手准备 10 天后，即 7 月 4 日前后的第二次干细胞移植手术，所需的干细胞已从小赛格身上采集完毕。鉴于我的病情得到了控制，彭马拉朱医生允许我继续接受门诊治疗，所以至少我和史黛西能在万豪医疗中心恢复正常的生活状态了。但是 7 月 3 日，即预定的手术前夕，半夜时分我在酒店醒来，发烧、发冷，伴有呕吐。史黛西立刻带我去急诊室，几个小时内，医生们便确诊，我受到了感染——感染了假单胞菌，对像我这样免疫系统受损的患者来说，感染这种病菌足以致命，移植手术因此被推迟。我难过极了。我经受住了病情的起伏、14 天的化疗，期待着第二次移植能让自己再次重获新生。难过了大约一分钟，我便重振旗鼓，下定决心一定要摆脱自己身体所受的这种感染。还记得吗？你本来都要死掉了。果然，正面思考（以及药物）发力了，感染不久便消失，移植手术又被提上日程。

我做了 5 天的化疗，接下来停了几天药，然后是最后两天的化疗。7 月 19 日，距离最初预定的手术时间 15 天之后，我再一次接受了儿子的骨髓并为之后的 100 天开始倒计时。与北区医院不同，MD

安德森癌症中心不允许病人在移植手术后的 100 天内出院，因此我哪儿都不能去。我的大脑则在盘算着，假如 30 天后我的状况很好，那我就会因此得到医院的特许而获准出院。

7 月的每个日日夜夜，史黛西都守护在我的身边，拉着我的手，缠着护士们问很多问题，或者被我讲的笑话逗得哈哈大笑，每天晚上就睡在我病房里的充气床上。而我的生活就是看电视，主要是看体育节目——网球、高尔夫球、棒球，应有尽有。我也变成了《安迪·格里菲斯秀》《荒野大镖客》以及重播的《大淘金》的忠实观众。20 世纪 60 年代，我曾看过这些节目，而且特纳广播公司在亚特兰大勇士队因为下雨赛程延后期间，也播放过《安迪·格里菲斯秀》。（比赛重新开始后，特纳就接着播放棒球赛，传奇解说斯基普·凯瑞会告诉观众们没有播完的那集后来的剧情。）现在我能告诉你每一集的剧情、每个人物身上发生的故事，以及作者应该对剧情设置做哪些修改。

尽管身体很虚弱，我依然坚持每天在 17 楼四处走动。这期间我要经过健身房，看到患者们身穿病号服或者长袍，像南佛罗里达养老院周四早上起来锻炼的老人们一样，坐在椅子上锻炼胳膊。每每看到此情此景，我就咯咯地笑出声来。不远处放着拐杖和助行器。

“你应该参加这个健身班，与他们一起锻炼。”有天早晨，彭马拉朱医生看到我在围观他们健身时说道。

他说这样能帮助我恢复体力和身体的灵活性。

我心想，嗯，医生，谢谢你的好意，我就算了吧。可是我突然意识到自己正站在健身房的窗户外边，也许他说得对。

健身班里乐趣多多，锻炼对我的平衡力恢复以及血液循环的确大有帮助。我很喜欢我们的教练，一位名叫金姆·普雷森的理疗师，还认识了几位同学。我很快就和丹尼尔、布兰登异乎寻常地熟络起来。丹尼尔来自巴西，快 50 岁了，在住进 MD 安德森癌症中心之前，他在迈阿密生活，已经做了一次移植手术，正等着出院回家，去迈阿密和女儿一起生活。至于布兰登，他才 30 多岁，是个活泼风趣的家伙，我们俩因为都爱好体育运动马上就熟悉起来。他的病情已经得到控制，正在等待医生的出院许可。他的新娘子正等着他，为了做移植手术，他们把婚礼日期推后了。

“等我回家了，”他喜欢这样说，“就要去度蜜月啦！”

有这两个家伙在，我就有了去健身班的动力。在锻炼的过程中，我们喜欢聊体育或者出院的事。大家都大笑着说，我们的锻炼方式太低级了——看到的人没有谁会误认为我们是健美先生。不过，我们面对的严峻处境让彼此不可避免地加深了联系。

丹尼尔的白血病在恶化，他不得不卖掉迈阿密的房子以支付医疗账单，之前他就卖了巴西的房子来到 MD 安德森癌症中心。我们聊及保险额度以及很快会堆积如山的非医疗方面的开销，例如酒店、飞机以及饮食。他也向我坦言，抗癌过程中物质和情感的挣扎让他压力很大，他担心自己生前要是处理不了这些开销，身后会给家人留下经济负担。

对此我装作没听见，我调动起当年的“野猫威利”精神，夸张地表演，只为博他一笑，一心希望能借此让他重拾信心。

有一天，丹尼尔罕见地出现在我的病房，面色阴沉。

“我到此为止了。”他冲我说道。

“你说‘到此为止’是什么意思？”

“前几周他们一直在说我快出院了，可现在他们又不让我出院了，让我接着治疗，还要做检查。我不想做了。”他用磕磕巴巴的英语说道。

“你要去哪儿？”我问道。

“我不知道。我就想出院。我没有地方可去了，就去休斯敦的桥下凑合吧。”

我看到了丹尼尔眼神里流露出的坚持，也听出了他言语间透露出的坚定。

“可是丹尼尔，再多待一段时间吧。他们了解你的病情，住在这儿他们能帮你。别现在就走。”

“我到此为止了。在这儿待下去没完没了。我再也不治了。”

“你不觉得医生们会想办法给你治疗吗？”

我不敢相信刚刚听到的话。丹尼尔为抗癌努力了这么久，为什么现在放弃呢？这就好像在马拉松赛上跑到 25 英里时决定不再跑了。但是护士们、医生们，还有我都没能说服他留下。他把自己的行李打包好，就直接出院了。从此我再也没有见过他。

凡事往好处想，是我幸存至今的一大法宝。我亲眼见证了乐观态度的医治威力。我在北区医院和 MD 安德森癌症中心漫长的住院时间里见到过许多和我一样的患者，其中许多人还跟我相当亲近，但他们最后都放弃了，不再抗争，结果几天之内就被病魔压垮了。我永远不会对别人的决定说三道四，然而他们对明天丧失信心的那一刻，就是生命终结之时。对某些人而言，感情上承受不了，可能是担心给家人留下经济负担，也可能是生存意志渐渐被无法治愈的疾病打垮了。

这让我更加坚定要唤起公众对白血病的关注，要帮助筹款找到治疗方法。像丹尼尔这样的患者不应该因为费用问题面对生死抉择，我要为这些无力承担医疗费用的人们摇旗呐喊。

至于我和布兰登，我们决心坚持到底，坚持日常锻炼和短暂的日常聊天。他的口头禅还是那句“等我出院了……”，他的幽默、乐观和勇气也给了我无穷的力量。

有一天，在健身班的课上，布兰登的鼻子开始大量出血。他感染了一种病毒。看护和护士们急忙把他带出健身房。这次事件本身非常可怕，但是没过多久我们就又去彼此的病房，继续开着善意的玩笑，像一对合作主持节目的新闻主播一样评论外界的体育。“等我出院了……”

时间一周又一周地流逝着，我们的互动越来越少。布兰登不再上健身课，我也每天为活命而全力抗争。有一天上完健身课，我去他病房看他。我真的很想见他，自私地说，也是为了给自己打气。

那间病房是空的。

“请问，”我问一位护士，“1744 房间的布兰登去哪儿啦？”

她的表情说明了一切。

虽然 MD 安德森癌症中心不允许移植手术患者在术后最初的 100 天内出院，但是对于康复的患者以及 30 天后身体状况良好、可以转移到门诊治疗的患者，医生们可以网开一面，彭马拉朱医生也给了我这个特权。史黛西一直陪我到 8 月初，孩子们返校后，她就开始每周一次往返于休斯敦与亚特兰大之间。彭马拉朱医生甚至同意我们去位于奥兰多的家里住了几天，也准许我回亚特兰大看望孩子们。

检查发现，我的大脑里有血肿，即血管外的异常血液堆积，但是医生们仔细分析之后认为，这并不危险。8 月末，我的病情仍处于被控制状态，为预防起见，彭马拉朱医生开始给我使用一种药效稳定、低剂量的药物——维达扎。5 天一个周期，一天两针。维达扎不单通过输液流入我的身体——如果直接注入我的腹部药效可能会更好。因此，5 天的时间里，护士们每天都拿来一包冰凉的药，把药加热后，马上注入两个针管里，之后再注射进我的腹部。护士们每天都轮换注射部位——第一天是左侧注射两针，第二天就是右侧注射两针。

除了预防性的化疗，骨髓移植手术的疗效依然在起作用，我期待着 10 月 NBA 赛季开始时重回赛场。不过，2014 年经历的病情突发事件给了我足够的警醒，眼下我也做好了应对一切情况的充分准备。

赛马“沼泽”

自从1967年拿到了伊利诺伊州的驾照后，我就成了一个车迷。汽车线条明快的样式、鲜亮的色彩、奔驰的速度都令我着迷，并为之倾倒。多年来，我拥有过一辆1935款的劳斯莱斯宾利、一辆1959款的梅赛德斯－奔驰190 SL、一辆1963款的福特Galaxie敞篷、一辆1964款的MGB、一辆1966款的捷豹XKE、一辆1968款的庞蒂亚克GTO、一辆1973款的水星敞篷、一辆984款的凯迪拉克Eldorado敞篷、一辆1986款的雪佛兰马里布敞篷，以及一辆我至今还在开的1990款的克尔维特敞篷车。

我的收藏无所不包。有童年起便收藏、至今还原封不动保存在家里的棒球球星卡，有我最近传给瑞安的5美分硬币收藏，有我获颁的每张记者证，以及下面用两个大大的Pop-A-Shot篮球支撑着的“亲吻强盗”的胸罩。说来话长，摩根娜，这位有“亲吻强盗”

之称的家伙因为在各种比赛期间跑到赛场、球场上亲吻体育明星而得了这个绰号。时光退回到 20 世纪 70 年代中期，我们成了朋友，当时她去了小熊队春季训练现场——她是个棒球迷。多年来，她屡次因为那些荒诞不经的举动被投进各种监狱，而我不得不屡次把她从里面捞出来，为此她送给我一件胸罩以示感谢。

地下室里摩根娜送的胸罩旁边有个小玻璃盒，里面保存着一件独一无二的宝贝——一坨有 39 年悠久历史的马粪。

青年时代在迈尔斯堡工作时，我就迷上了赛马。一位名叫吉姆・希尔的兽医和他的妻子莎莉以前一直居住在该区，而且在赛马圈颇有名望，这不仅仅是因为吉姆在马场工作，而且因为他们与西雅图的朋友凯伦和米奇・泰勒合伙，共同拥有 13 匹赛马。吉姆是那种争强好胜的人，喜欢教我赛马的各项细节——从骑手的体重到草皮的厚度，从血统的重要性到投注线的关键性。

在希尔夫妇和泰勒夫妇共同拥有的马匹中，有一匹潜力巨大的深棕色矮马，他们给它取名叫“西雅图沼泽”，是以华盛顿州的城市以及南佛罗里达的沼泽地联合命名的。这匹小马驹在 1977 年的前三场比赛中均拔得头筹，并且在路易斯维尔市丘吉尔・唐斯赛马场举办的、闻名遐迩的肯塔基赛马会上成为最受欢迎的赛马。我在 WINK 电视台的老板无意花钱送我去路易斯维尔报道赛马，于是我就紧随仍住在迈尔斯堡的希尔妈妈，和她一起看赛马，用录音机录下她对比赛的评论。几周后，我用同样的策略观看了“沼泽”在巴尔的摩普里克内斯的夺冠之战，但我绝不会错过它在纽约贝尔蒙特公园三冠王赛上的镜头。

比赛前一天，即星期五早上我飞到了纽约，很快就逮住了希尔医生、驯马师比利·特纳以及“沼泽”的团队。下午我悄悄地溜出去几次，根据“沼泽”的骑手让·克鲁盖特提供的内部消息，瞅准时机在星期五的比赛中下注。深夜，公园和赛马场早已空无一人，我和驯马师比利从马厩走到“埃斯波西托年代”酒吧喝点东西，顺便吹吹牛。喝了几杯伏特加，外加几大杯啤酒之后，比利建议我，与其花钱住酒店，不如和“沼泽”在马厩里睡觉，因为马厩的工作人员会整夜看着它。半夜我离开了“埃斯波西托”酒吧，走到 54 号马厩，塞西尔·墨菲正在那儿值班。

“就那儿吧。”塞西尔伸出一只胳膊，指着距离马几英尺的一条小木头长凳说道，意思是那就是我过夜的床。我抓过一张马用的毯子当被子，用一撮干草作枕头。我在那儿睡了几个小时，旁边就是世界上最棒的赛马之一。

早晨 4 点我醒了，和驯马师们喂“沼泽”早餐，带它去散步。离开马厩前，我们注意到干草上霍然摆着“沼泽”的一堆粪便。我知道这机会千载难逢，于是抓过希尔医生的医用塑料手套，把“沼泽”的一些粪便放进去，然后带回了佛罗里达。最终“沼泽”在贝尔蒙特赛马会上折桂，我也因此以 800 美元的赌资赢回了 1760 美元。

多年来，“西雅图沼泽”的新闻报道一直广为流传，还有我写的汉克·阿伦的新闻报道。报道汉克·阿伦是我工作的主要兴趣所在，这听起来令人咋舌，考虑到我最著名的身份是 NBA 场边记者。但是细细想来，这根本没什么可惊讶的。他们可是不仅见证了历史，而且还参与了历史的典范。回顾一番，正是我对一贯热衷的体育文化的积极参与，才驱使我创造着自己的运气。

我非常渴望将这个观念传递给我的孩子们。生活很美好，充满了乐趣，充满了冒险，运用一点点聪明才智，你就能够为自己找到恰当的位置，接下来好事就会降临。

“但也有界限。”我仿佛听到迪尔伯特们如此说道，“要守规矩。”

规矩是给没脑子的人设的。要运用常识，需要你想办法时就要想办法。不管是在巴哈马群岛半夜三更冲进滑水道玩儿（我经常跟两个未成年的孩子一起这样玩儿），还是在三个已成年的孩子还小的时候带响尾蛇回家跟他们玩儿，我总能找到快活的办法。（经历了抗癌这件事后活着讲述这样的故事，这对我来说也很重要。）

也许这次是真的回归

2015年10月，到了移植手术后的100天，我的白血病病情还在控制之中，彭马拉朱医生允许我回去工作了。第二次骨髓移植手术似乎成功了：所有的血液指标都很好，已经没有白血病未成熟胚细胞的蛛丝马迹。这是长达18个月的战斗，但这一次我相信，自己确实打败了这个敌人。

我回归后播报的第一场赛事是鹈鹕客场挑战勇士的赛季揭幕战，那一夜勇士队因为在6月赢得的冠军称号而获颁冠军戒指。对于他们以及我而言，这个夜晚都非同小可。7月份的骨髓移植手术之后，我便一直期待着这一晚，因此还特地花时间挑选应景的外套。我决定穿橙色的衣服，以示抗击白血病的雄心壮志。我恪守在旧金山报道赛事的惯例，即在采访教练和球员的前一天，只吃一个螃蟹沙拉三明治，在水岸边散步（代替跑步）。能回归正常生活，回归电视广播工作，我倍感欢欣，来自 NBA 大家庭的鼓励话语也让我精神振奋。

克雷格……祝贺你提前结束治疗！我们一直想着你，为你和你的家人祈祷。我们迫不及待地期待你尽快回到赛场边！！！

迈阿密热火队主教练　埃里克·斯波尔斯特拉

我的日程表上塞满了即将开场的比赛，而且我也全无罢手之意。根据 11 月中旬的验血结果，我的未成熟胚细胞值从 0% 上升到了 2%，医生们认为病情仍然在控制之中。不是什么好消息，但也不需要过多地担心。彭马拉朱医生安排我一个月中有几天使用中度剂量的化疗。我依然在出差和工作，亲切友好的朋友及素不相识的人们给予的排山倒海般的鼓励常常让我感动得几欲流泪。无论男女老少，无论何种肤色的人们，都乐意分享他们家人的抗癌经历或者只是主动为我祷告。我开始明白我的抗癌斗争对他人的影响了。

12 月，我有超过 12 场 NBA 赛事要报道，尽管如此我还是在 MD 安德森癌症中心再次接受了一个骨髓活检，此时未成熟胚细胞值上升至 3%。对此，我和史黛西、彭马拉朱医生“聊”了下一步的安排。未成熟胚细胞值持续一个月不断增加，白血病可能会死灰复燃。我们讨论了可能会做的第三次干细胞移植手术，不过，彭马拉朱医生说，这种可能性极小。他决定再做一个月化疗，到 1 月份再做评估。

此时此刻，经历了漫长的抗癌斗争，我和史黛西对于好消息和坏消息的反应统统是：寄予最大的希望，假如它卷土重来，我们就奋起抗击。

有几次我被判只剩下几周的生命，可是我至今还活着，而且回归了正常生活，享受着生活。我是一个医疗奇迹吗？我要把这留给他人去论断。莫非我坚定不移、积极乐观的态度起了作用？我永远坚信这一点。

我依然穿梭于各个城市，忙于报道赛事。从洛杉矶到旧金山，从克利夫兰岛到迈阿密，飞行里程在不断累积之中。

1 月的活检显示，未成熟胚细胞值从 3% 上升至 22%，仅仅 4 周便出现了警戒性的飙升。我们知道需要尝试其他方法来遏制这来势凶猛的病魔了，彭马拉朱医生研究了正在进行中的可行性临床试验。第一次移植手术之后 8 个月我的病复发，第二次手术之后 7 个月再次复发。如果患者在移植手术后的至少 12 个月内病情能够控制得住，那么存活率将大大提高，而我的情况却正好相反。

2 月初，我做了检查并见了医生，这期间所做的活检显示，未成熟胚细胞值从 22% 上升至 28%。彭马拉朱医生制定了一个新的治疗计划。2 月中旬，我从多伦多 NBA 全明星赛回来之后，要开始连续 8 天的化疗，同时施行免疫疗法。我要继续使用维达扎做化疗，但添加了 Lirilumab，这是一个已获证实的癌症免疫疗法杀手，但是这种药以前从未在我这个病情阶段的白血病患者身上施用过，也没有得到美国食品和药物管理局的认证用以治疗白血病。

“那就这么办吧！”我毫不犹豫地告诉彭马拉朱医生。坦率地说，可供我选择的治疗方案屈指可数。（幸运的是，我们开始维达扎 –Lirilumab 治疗周期时，医生们决定增加维达扎的药效，因此我可以通过输液治疗，不用腹部注射了。）

我和史黛西以及孩子们前往多伦多观看全明星周末赛时，病情已经失控，我们决定不向任何人透露病情复发的消息。那就是说，我要和家人共度周末，看望NBA 的老伙计们，却无法告诉大家实情。我向来是个诚实的人——有时这对我有害无益（要是我能管住自己的嘴巴，就不会错过某些采访了！）——现在我担心，在多伦多的朋友们以及素不相识的人们会问到我的病情，而我却无法对他们敞开胸怀实话实说。眼下我明白，人们是在为我加油，有些人与我的这场抗癌之战息息相关。我打定主意，我肩负的责任就是继续为保全自己的生命而战。

“你的身体怎么样？”那个周末我听到球员们、教练们以及素不相识的人们无数次这样问。

“我尽力而为。”我这样回应。

我尽自己所能避免说谎。那个周末，有时候我感觉不舒服，但是我尽量不去想它，而靠家人和全明星的庆祝活动来转移注意力。那是科比・布莱恩特的全明星告别赛，日后，斯蒂芬・库里将正式接过他的火炬，我要珍惜这分分秒秒的时间。

我们计划好在多伦多活动结束后赶回奥兰多的家里度假，因为孩子们都放假了，不过星期一早晨我必须返回休斯敦。我让史黛西先回家和孩子们团聚，稍作休息，尽管她一再反对，但最后还是同意了。

几个星期以来，维达扎和 Lirilumab 相结合的疗法效果并不佳。所以我们知道，近期内我的病情不大可能出现明显的改善。我也知道，这些药不大可能让我的病情重新得到控制，最多能减缓白血病病魔的凶猛势头或者只能稍稍杀一杀它的威风。我们知道，这只是一个权宜之计。全明星赛之后的那天，我已全力以赴开启自己的另一个行动计划。不过那一周，我的日程安排上并没有任何赛事，因为我要腾出时间和家人度假。

2 月末，和我关系最铁、交往时间最久的朋友约翰・克拉克从巴达维亚来休斯敦看我，我们打了一局 18 洞。

“洪多。”我脱口叫道，这是我对他的昵称，“咱们应当再来一局。你知道吗？我要全力以赴争取参加珍妮的婚礼。”他的女儿计划 7 月份在巴达维亚结婚。

身处高尔夫球场让我的思绪远离了来势汹汹、卷土重来的白血病，然而当天晚些时候，我和洪多在 MD 安德森癌症中心乘坐电梯时，它却如同砖块般击中了我。

“简直让人活不下去了。”我承认了，也清楚地知道未来几个月我面对的情况将会多么艰难。刹那间，我对自己能否真的战胜病魔产生了怀疑，我的人生中常常有这样的情况，但否定的念头转瞬即逝，很快我的意志与决心便回来了。

结果，彭马拉朱医生批准我回归工作，播报 2 月 25 日在新奥尔良举办的一场雷霆客场挑战鹈鹕的比赛。我回归了正常生活，享受着生活，每隔几天就得输一次血和血小板以维持活力。我正在逆流而上。

3 月 10 日，美国家庭影院频道《布莱恩特 · 冈贝尔聊真实体育》栏目的制片人联系了我，问我是否有兴趣做客一档专题节目。在同意坐下接受记者伯纳德 · 戈德堡的采访前，我先要确认采访的焦点要集中于正面因素，而不是负面因素，因为我希望提请外界关注急性骨髓性白血病，而不是观看一个凄惨的故事。两天后，家庭影院频道和伯纳德来到我位于佐治亚州坎顿市的家中采访我和小赛格。我对自己的预后很坦诚，首次向外界透露自己的白血病病情已失去控制。

我告诉医生们：“我明白你们的意思，那我还有几成机会呢？”

医生们说道：“嗯，正常来讲，你还有 3 ~ 6 个月的生命，但是也有人可能只有一个星期的时间，有人可能有 5 年时间。你可能会成为第一个存活 5 年的人。”

我接过话说道：“好吧，我会尽最大的努力。”

我不想成为那个只能存活 3 ~ 6 个月的人，我要成为那个活 5 年的人。我要名垂医疗史……我要抗癌到底。我有太多的事要做。

返回休斯敦做第二轮为期 8 天的治疗时，我的未成熟胚细胞值升至 36% 了。结果显示，治疗无效。医生们密切关注着我的肾脏、脾脏以及心脏，因为这两种化疗药都有很强的毒性。

3 月 22 日，家庭影院频道播出采访节目时，标题当然是我只有几个月的生命了之类的话。但是家庭影院的节目片段没有讲清楚，“只剩 3 ~ 6 个月寿命”是针对那些没有接受任何治疗、病情严重的白血病患者的。因此，第二天我不得不发表声明澄清预后。

我不知道真实体育栏目的采访故事会对我个人产生怎样的影响。突然间，球员们、教练们、巴达维亚那些久已失联的朋友们、素不相识的人、高尔夫球友们——人人都知道了情况，人人都以为我的生命已然走到了尽头。我收到的一封封信，意愿虽好，但是读上去却让人不快。

您的一生很精彩。未来的生活会更美好。

您是一位伟大的解说员，大家会非常想念您。

我知道他们写这些信都是出自善意，我并没有觉得受到困扰，可是读这些话让我感觉好像在读自己的讣告。

唯一真正困扰我的问题或者说评论来自约翰，我最好的、相识相交 60 多年的老朋友。他好意问我，我有没有“把自己的事情安排好”。

“您放弃我了吗？”我反问道。

他接着补充说明道：“我是指房产、遗嘱、财务……”

我思前想后，想知道为什么在所有不祥的话语中，唯独这一句让我不安。

是因为自负，我想，我向来把自己的事情安排得井井有条。

写到这儿我情不自禁地发笑，不过这话倒也没错。“把自己的事情安排好”，这样一来，必要时你就能够全心全意地投入到实际的战斗中。

家庭影院节目播放后的日子里，我连走在大街上都受到人们的关注，常常被人们叫住。我看到大家回头看我，我只好假装没看见。但是当我走进 NBA 场馆，履行自己的工作职责时——我的工作日程仍然很满——对那个专题采访的分量与影响力，我无法忽略不计。

4 月初，NBA 季后赛开场前，我回到 MD 安德森癌症中心接受 8 天的治疗。在我返回休斯敦的前夕，我和史黛西带孩子们去特克斯和凯科斯群岛度过了一个长长的周末——这里是我们一直想去，却迟迟没能去的地方。我们玩得很尽兴：潜水、拾贝壳、在大海里追波逐浪。但我也感觉上气不接下气、虚弱无力。等到了 MD 安德森癌症中心时，我已心知肚明，我需要输血和血小板了。我的感觉没错：未成熟胚细胞值已上升至 36% 了。病情还在恶化，并没有好转，我不知道在这场战斗中自己的身体还能扛多久。

寻找答案

小克雷格·赛格　撰

我父亲患癌的第一年，我要面对的是一个全新的成长过程。然而，当我们成功地做了第二次骨髓移植手术时，我感觉自己内心的压力慢慢地释放了。

10 月，当父亲又奇迹般地回到赛场边时，我的内心百感交集。体育赛事不再让我不堪承受。工作了漫长的一天之后，我又可以开心地观看体育赛事了，因为我知道爸爸回归了。我的内心又重拾了希望。每次他做实况转播时，我都感恩于他为我们的生活以及整个体育界所展示的一切。他体现了一个真正的体育时代，他从未离开，这些年里他一直坚守着，他就在那儿，并为他所做的每一件事欢欣雀跃。我的童年岁月以及体育广播的黄金时代因他而熠熠生辉。为了能够重新站到场边做报道，他在进行着一场常人难以想象的战斗。我深深感觉到那是多么鼓舞人心，我也多么渴望陪伴在他身边，好让我能够体会他为什么这样做。

他的注意力完全集中在如何力克千难万险活下来——他的大胆无畏以及对体育的满腔热忱背后，总是伴随着宏大、精彩以及伟大的时刻。他从不让新闻稿或推特的动向告诉自己什么是重要的，或者今天谈论最多的争议应是什么，他不像我们其他人，会守着电话或者急于看推特的反应。在这个平板电脑、iPhone 手机以及流媒体横行的时代，我的爸爸依然只关心自身周围的环境，只关注富于乐趣与新鲜刺激的事，其他一切则统统被屏蔽在外。就像他多年前教我的那样，每场比赛对他来说都是最重要的一场比赛，他一旦回到场边，就会抱着这种心态做报道。

经历了 27 年的岁月历练以及两次骨髓移植手术后，我才意识到，正是爸爸的洞察力成就了独一无二的他，而不仅是这些年我所目睹的个性与服装。我每天都要感谢他如此努力地回到赛场，这也提醒我，体育运动提供了一个美好的机会，可以让人借此学会尽情享受每一刻。

当我还在寻找答案和指导时，我的爸爸，我最想与之交流的那个人，回归了赛场，开始全职工作了。我开始意识到，在过去的两年里，从第一次接到那令人震惊的电话，到做客家庭影院真实体育栏目的特别节目，我所经历的艰难困苦超乎自己的想象。眼下已经是 4 月了，随着季后赛的临近，我再次发现自己内心充满了矛盾。有朝一日，我还能和他单独相处吗？我想，我和以前的自己已大有不同。现在的我越发渴望跟他一起。相比以前，现在我更能理解自己的心态，理解我们这个家庭的相处模式了。季后赛开场了，我需要他时却根本找不到他。一切都回到了从前的样子，唯一的不同是，他战胜了两次移植手术才回到场边，而且还在协调化疗与输血。

我所去的每一个地方，所做的每一件事都以我的爸爸为中心，我都觉得奇怪，自己这辈子竟然会有这样的行事风格。我每到一个爸爸的老朋友们主持的记者席，他们都会打听他的身体怎么样，或者是通过我转达他们对他的问候。每次去健身房或者邂逅朋友，大家都会聊到爸爸的健康或者他什么时候回归播音工作。我在社交媒体上记录了他的病情，以便粉丝们了解情况，继续密切关注他做的每一个采访，以便收集事实让公众了解他的快节奏生活以及他不可思议的抗癌经历。远距离分享这些时刻并非易事。看到他回归场边我格外开心，有时我也渴望去现场体验一下。对于赛格家的人来说，很多时候需要为了工作舍弃家庭，这不足为奇。对此，我是在长大一些的时候才理解的。我们家人常常做的就是充分利用大家在一起的时间。说实话，能够收看一场比赛，看他精神抖擞地活跃在这熟悉的赛场上，就是我最大的幸福。在精彩的 2016 年 NBA 季后赛进行期间，我突然意识到，我是在抱着前所未有的感恩心态观看着这些赛事。

活出精彩

在西北大学的岁月里，我常常和一伙哥们来到路易斯维尔的肯塔基赛马会内场，和成千上万人一起狂欢。1973 年大学毕业后，我搬到了萨拉索塔，我和一些哥们约定，保持每年一次朝圣般的赛马会之旅。1974 年那场赛马会的前一天，我和塞巴斯蒂安·拉雷塔、弗兰克·洛托斯坦斯基、柯特·马尔特、麦克·穆尔、里奇·卢申科维奇、汤姆·瑞尔森、马克·西布利、保罗·泰特、约翰·克拉克全部齐聚肯塔基赛马会。我父母在列克星敦市有亲近的朋友，所以我们有的是栖身之地。

赛马会前的星期五深夜，我们这帮急不可耐的年轻人跑去列克星敦当地一家酒吧，不久我们就和一帮漂亮妞热聊起来，碰巧她们是在本地区工作的护士。我记得，我们一直玩到酒吧歇业，然后又跟着护士们去了她们的公寓继续玩乐。我从阳台上看到旁边一栋公寓里有一个游泳池。泳池的水很是诱人，但是一道高高的铁栅栏阻断了我想投入泳池的欲望。

“我要去游泳啦！”我随口喊了一句。

我走下楼梯，穿过停车场，爬上了栅栏。我缓缓跑到跳水板上，此时我那帮新老朋友们在公寓阳台上冲我欢呼。我走到跳水板顶端时，可以看到那绿色的池水实际上很恶心，不过我不在乎，我转过身，脚尖踩着跳水板边缘，一个后空翻跳入那仿佛深渊的池中。这时，那帮崇拜者们发出一阵欢呼喝彩声。

水冰凉刺骨，所以我没有花太多时间待在泳池里庆贺自己的胜利。我急急忙忙出水，又爬上栅栏。我的手在一根金属杆上滑了一下，而且由于当时自己爬的姿势不对，结果恰好在栅栏的顶上做了个劈叉动作，导致我的腹股沟和左大腿内侧被划破。此时我的朋友们还在哈哈大笑，完全没有意识到我的伤情有多严重。幸好，护士们急忙下来救我，然后马上确认我需要缝许多针。

我们挤进一辆车里，奔向急诊室。到达后，护士们立刻把我送进去，一位医生在我的阴囊上缝了 66 针，大腿上缝了 32 针。护士们和我那帮大学哥们接着喝啤酒，而我痛苦地躺在病床上。医生们建议我在医院住一晚，但我的朋友们不愿久候，就带我坐车走了。

第二天早上就是赛马会，前一晚我的举动实属幼稚胡闹，更实际的问题是，这次受伤的代价是差一点儿让我丧失做父亲的能力，尽管如此，我们还是开车从列克星敦到丘吉尔·唐斯赛马场。我疼得无法走路，我的腹股沟上还绑着绷带。仅剩的几个停车位在远离赛马场的附近街区，而我根本就不可能走那么远的距离。我的一位朋友在附近一栋房子的前院里发现了一辆红色儿童推车，他付钱给那个孩子，于是我就有了一辆去内场的交通工具。

内场上人们在狂饮、裸奔，而我坐在手推车上，脱掉了衬衫，裤子被绷带撑得鼓鼓的。后来我站了起来，但显然站的时机不对，因为警察走过来把我拘留了。我的哥们替我说话，向警察解释，说我没有裸奔，也没有喝很多酒，他们就连他也一起逮捕了。于是，我们就和其他 40 个醉汉一起进了丘吉尔·唐斯监狱，多数醉汉都醉得不省人事。

最后，等赛马会结束后，法官对我的案子进行了聆讯，我讲述了前一晚发生的事故。

“所以你没有裸奔吗？”他问道。

“没有，法官大人。”我说道，“我根本走不了路。”

后来我交了 220 美元的罚款，重获自由。

这是鲁莽行为？大概是。值得纪念吗？那是毫无疑问的。更值得纪念的是，我的一位哥们儿，柯特·马尔特，爱上了其中一位护士凯西·康罗伊，几年后他们结婚了，最近他们刚刚庆祝结婚 40 周年。

敢于挑战，克服恐惧，做不可能的事情——这些向来是我性格的一部分，我就是靠居高不下的肾上腺素越战越勇。在墨西哥上空滑翔，与鲨鱼一起游泳，为了一场新闻报道从飞机上跳出来。我记得当时非常害怕自己会下落到堪萨斯州的田野上，以至于差一点儿忘了拉降落伞绳。我还记得触地及紧急着陆的情形，我当时就想，再也不会这样干了。结果，我的摄影师艾伦·巴尔想从另一个角度再拍摄一次，就又让我跳了一回。

1991 年在圣安东尼奥的奥运盛典上，我的制片人斯科特·科克里尔建议我在一个停车场里拍摄一个报道，让我从一个非常非常高的起重机上跳下来，做一个蹦极跳。我的教练帮助我在臀部和腹股沟处固定好护具，我以燕式跳水的姿势从这个平台上跳了下来。而这之前我刚刚得知，已有两个人死于同样的特技表演，该高空弹跳活动近日内就会关闭。自由下落的冲击强烈至极，而且绳子和护具的剧烈回跳对我身体的冲撞之猛也是我从未体验过的，等我落地后身体仍然上下震动，停不下来。

从孩提时代起，我一贯的作派就是乐于冒险，热衷极速体验，以惊险刺激为乐。但是，我的生活中有一种激情让我放慢了速度。

在我少年时，古老的巴达维亚小城没有高尔夫球场，但在城外有很多。等我父亲在他的职业生涯中做得比较成功时，我们加入了圣查尔斯乡村俱乐部，那里的人们非常看重高尔夫球。年少时我很乐意跟着妈妈挥杆打高尔夫球，她会不断地给我指点：你的胳膊要一直伸直，膝盖不能摇晃，球杆不要抓得太紧。为了挣点钱，我在圣查尔斯当了几次球童，但是我服务的一些小孩子太傲慢，打消了我的兴趣。我也在一家公共球场老韦恩高尔夫俱乐部干过，我在那儿的工作是天黑时去俱乐部，用耙子把沙坑弄平整、浇草，在早晨第一拨人开球之前给草坪剪草。打高尔夫的人都知道，为了保护草地的健康，高尔夫球场的草坪管理员们每天都不是顺着同一个方向剪草的。

我们在巴达维亚的邻居比尔·马多克斯在美国中西部一带建立了数家高尔夫球场，其中包括在日内瓦湖畔的花花公子度假村和乡村俱乐部。在 20 世纪 60 年代末，他雇用了我们这帮人，帮助建造了那里的球场，我因此对球洞区的触感和坡度的重要性有了认识。

高中时代，我和朋友们开始比较频繁地打球，不过巴达维亚高中并没有高尔夫球队。那时我们的体育指导鲍勃·托比提议让我们几个参加联盟锦标赛，尽管我们还没有球队，也从来没有参加过比赛。结果我们 4 个人——吉姆·拉斯穆森、罗宾·瓦尔赫、约翰·克拉克，还有我——大展身手，在没有正规球队、没有任何训练的情况下获得了联盟锦标赛的第三名，把奖杯捧回了家！入读西北大学后，我在运河附近的球场上打了很多场球，经常和我的朋友以及加里·沃德教授结伴打球。教授雇我担任校内篮球比赛的裁判，一场的报酬是 25 美元。这笔钱派上了用场——我不仅可以用它应付各种开销和买啤酒，而且还能在高尔夫球场上下点儿赌注。

我在萨拉索塔开启职业生涯时就有高尔夫相伴。在南佛罗里达有许多高尔夫球场，后来在坦帕、迈尔斯堡、堪萨斯城、亚特兰大以及一切所到之处都可以找到高尔夫球场。我参加过美国职业高尔夫巡回赛的职业选手和业余选手混合赛，在无数的俱乐部和慈善比赛中打过球。我在奥古斯塔连续参加了 22 场大师赛，报道过职业高尔夫锦标赛，还和汤姆·沃森、杰克·尼克劳斯、菲尔·米克尔森等人成了朋友。

相比于其他人，我和小赛格一起打高尔夫球的场次最多。我们玩的时候，还喝酒、下注，品尝了很多美味。这也是我们联络感情的一种方式。每年生日我都会绕田径场跑一圈，后来一场膝盖手术结束了这个生日传统，于是我将目标转向了高尔夫球洞。你可以想象一下，一天之内，我居然能在 3 个高尔夫球场上打出 64 洞的成绩。

我记得，小赛格 16 岁时，我们在父亲节当天打了一局，他平生第一次打败了我。毫无疑问，我从来不认为父母要在任何事上都得“让”孩子赢，所以我尽了最大的努力，但他还是打败了我。我承认，我与其说是感到骄傲，不如说是觉得不安。不过我相信，他的看法肯定截然不同。

——

小时候，爸爸从来不让我在任何事情上赢，无论是 H-O-R-S-E 游戏，还是一局高尔夫球。

我很清楚，高尔夫有两种不同的版本。其他人打的是一种，我爸爸打的是另一种。自我 5 岁首次挥杆起，和父亲抽时间打一局高尔夫球一直是一项父子活动。高尔夫球场承载了我们一些最温暖的记忆和最搞笑的故事。每一局的比赛都唤醒了一场竞争，其中充满了自豪感、笑声，印刻在我们彼此的脑海里。在过去的几年间，这一直是与他共度时光的好方式，也让我能借此逃进他那独一无二的、以竞争为乐的天地里。

我们在一起打了这么多年球，只有一次以我庆祝胜利告终。

每局都以同样的方式开场。首先我们进入俱乐部会所，到场时间就卡在开球前五分钟，绝不提前。我们到高尔夫专卖店去办理登记手续，并询问与当天打球状况相关的一个最重要的问题：今天场上有啤酒车吗？如果回答是肯定的，那我们就到小餐厅装一个冷藏箱；如果答案是否定的，我们就在小餐厅停下来，装两个冷藏箱。装上一箱，或两箱百威淡啤（我们只喝百威淡啤）后，我找到自己的高尔夫球袋，把它放在一个空车里。每次打完球之后我的球杆多半都在他的包里——这种情况发生的频率太高了，后来我不得不想办法解决。

打好包，我要确保我的包里至少有一个高尔夫球。只要我有一个球，我就总能在自己去的第一片树林或水障碍区找到另一个，这是多年前爸爸教我的一计。在高尔夫球场的成长经历让我练就了这个本领。

接下来，该把它击到发球区。如果有任何比球车路径更快的捷径，我肯定乐意走。如果因为打球速度慢造成球区堵塞，而且有太多的人出现在了第一发球区，那我就准备完全跳过那个洞，无需他口头提示或者其他非言语的示意。我一直跟着他的球车，最终他会发现一个空地，停下来。

幸运的是，这一次球场完全开放。他要放慢速度，让我决定我们从哪个颜色的发球区开打。他搞得让人感觉是我做的决定，可实际上我们俩早已心照不宣——我们要从蓝色发球区开打。我需要在每个洞上增加距离，以争取尽可能大的优势。如果我向他建议，他应该从那些高级别的发球区开始，那么等他从蓝色发球区打败了我，我就不得不面对他那更烦人的洋洋得意的表情。

一阵短暂的忙碌后，我停好球车，使劲吸一口新鲜空气，然后急急忙忙冲到发球区。我知道，如果不是 3 个标准杆，那我就得拿出自己的发球木了。要是不用发球木，而用任何其他球杆，我就会变成很容易受到攻击的目标。看着他哪怕是在发球区外打一个漂亮的 3 杆木击球，我也能从他身上得到一个提醒：如果不想做胆小鬼，那我就应该用发球木。这是一种双输的情况。我得使尽浑身力气挥杆，希望能传递出是我——小赛格来打球的信息。

但是在我想着接触高尔夫球和要稍微做一点拉伸动作或热身运动之前，我等待的是最重要的部分：下注。每个洞都有赌注。我的父亲什么都会赌，比如一洞的最低得分、积分前 9 名、离发球点最近或者最远的推球等，而且他经常赌赢。即使是自己打球，他也经常打两个球，用一个球和另一个球比赛。

我能把球打得很远，每隔几个洞就能打出一个精彩的击球，但是我的短球以及平均都很差，根本无法和他相媲美。他打得越好，获得的乐趣就越多。他玩得越开心，打得就越好，而且他总能在高尔夫球场上玩得很开心。球局的开场总是带有竞争性，但在后面的九局中，我努力重振旗鼓、全神贯注，而他则在小鸟球和标准杆数的间隙，一边啜饮百威啤酒，一边催我加快速度。球局在我手中失控的那一秒，这局就算结束了。每当我即将输掉比赛的时候，这一局也算结束了。在我毫无防备的时候，他已经站在第 18 号洞的绿地上，开始唱皇后乐队的《我们是冠军》了，我只好等他唱到他最喜欢的那句“绝不做失败者，因为我们是冠军”。

如果这些还不够让人泄气的话，我只能回忆一下第一次战胜他的故事了，当时打完那一局之后我傻乎乎地跟他说，你以后再也赢不了我了。

“儿子，这是你能告诉我的最好的消息。”他说道，“谢谢你。”

并不是每次比赛都是一场父子对决，当我们在同一阵线，当我们携起手来同仇敌忾时，比赛就会变得更加疯狂，更有竞争力。在他51岁生日那天，黎明时分我们就起床，开始一家人最喜欢的新传统。当天打到36洞时，我头一次一杆入洞，当时我14岁。那天其余的时间里，他向我们遇到的每个人炫耀这事儿：“这小子在我生日那天居然打了个一杆入洞！”

多年来，每当我们在同一队比赛时，总能像开派对一样让人皆大欢喜。没有哪支球队能像我们那样享受比赛的乐趣，也没有哪支球队比我们更看重赢球。打赌的奖品和方法越多越好，这样的局面之下没有比他更好的队友了。我们有备而来的每一局最佳球赛或混合赛，都允许球队的球在距离它预定落地处有一球杆长度的地方落地，而他把那个长度提高到了一个全新的水平。他和他那50英寸长的发球木总能让我们队摆脱困境。随着时间的推移，我目睹了他走进小溪、池塘和湖泊使用这个球杆长度规则，他的高尔夫球友们各个都能讲出几十个他在水中演绎这些规则的故事。

自从爸爸生病后，我和他也打过几次球。手臂和胸部各插着一个端口，他绑着绷带，穿着一层层衣服，戴着大帽子和手术口罩，但这几次我还是没能打败他。诚然，我们无法像以前那样畅饮百威淡啤，打远球比赛也不再被列入提议赌注之列，但在过去的两年里，这些比赛一直是我重要的力量源泉。

每个球入洞都好像是一次希望满满的重生。

无法停步

在 MD 安德森癌症中心门诊大楼的二层，入口处大厅的上方，坐落着一间宽敞的候诊室，它几乎是一个篮球场的建筑面积。这里有椅子、沙发和杂志，这里的窗户装有很高的散光板，阳光从那里洒落下来，照射着这片地方。到处是患者及其挚爱亲朋，因为这是患者前来办理登记手续并等待验血或接受化疗的地方。你可以看到许多人脸上痛苦的表情和疲惫的病容，不过你也能看到有些人的脸上露出充满希望与乐观的神情。

4 月初，我刚刚结束了 NBA 常规赛季，回到休斯敦进行为期 8 天的化疗，并向彭马拉朱医生报到。如今我已经对一些例行公事驾轻就熟了，我认识了挂号处的工作人员、护士、医生，甚至还有一些患者家属。

在挂号处办住院手续时，一位年纪约莫60岁的女士走到我跟前。

“请问是赛格先生吗？”她怯生生地问道，貌似不好意思打扰我，“我只是想让你知道，我在为你祈祷，你的抗癌经历让许多人都很受鼓舞。”

现在，素不相识的人也向我讲述自己曾经体验过的类似感受，不过这位女士说的话有些不同。她转过身来，指了指坐在轮椅上的丈夫以及从阿肯色州赶来的孙子。他们正在寻求奇迹出现，那天是他们第一次来MD安德森癌症中心，刚刚开始他们的抗癌之旅。

“我们来这里是因为你。”那个女人接着说自己名叫雪莉·伯恩斯，“我们看了家庭影院的采访故事，我们决定你在哪个医院治病，我们就跟到那儿治病，所以我们就来了。”

在我说了几分钟鼓励的话之后，她问能否和我一起祈祷。

我小时候，教堂在巴达维亚地位颇重，虽然我的父母并非固守传统习俗的人，但他们确实让我每个星期天都去做礼拜。那时候，在我们教堂，能连续13个星期日上主日学校的孩子会获颁一枚胸章，所以我每周都去，期待着第13个星期日能得到那枚胸章。可是到了那一天，学校老师却坚持认为我只连续上了12天，不是13天，母亲为此气愤不已，就告诉我："不要再去了！"结果我换了教派，开始和约翰·克拉克去另一家教堂。

虽然在过去的两年里，我没有定期去教堂，因为根据医嘱，我要避开人群，但我的确相信祷告的威力。我每天晚上睡觉前都祈祷，为史黛西和我的 5 个孩子祈祷，感谢上帝让我度过了美好的一天。你问我相信天堂吗？当然，但我不喜欢谈论这个话题。自从我的病被确诊后，朋友们以及素不相识的人都给我发送留言，其中引用了《圣经》里的各种经文，但是根据我的经验，许多真正的信徒都很难解释这些经文的来龙去脉及含意。在安德森癌症中心，也有一名随叫随到的牧师，他可以与病人家人一起祷告，也主持临终圣礼。每当他光临我的病房想陪伴我时，我就告诉他，如果他肯花时间陪我玩赌钱的纸牌游戏，那我就欣然接受他的祷告，听完此话，他便很快消失到走廊上去了。

总之，当时我就在医院的候诊室里，坐在一张椅子上，拉着一个陌生女人的手，她则拉着坐在另一侧的丈夫的一只手。她求主赐给我们力量，眷顾我们。祷告结束后，我们拥抱了一下。

当天晚些时候，彭马拉朱医生和我讨论了下一步的治疗方案，其中包括有可能要做的第三次干细胞移植手术，但是这次的捐献者不是小赛格，而是其他人，不过他也承认现在讨论移植手术还为时过早。彭马拉朱医生决定继续维达扎和 Lirilumab 的治疗周期，看看接下来情况会怎么样。我的病理报告结果不太好，不过情况可能会更糟。

在休斯敦整整8天的时间里，我穿梭于不同楼层，见不同的医生，做更多的检查。有趣的是，我差点忘了自己初到 MD 安德森癌症中心的那些日子。那时我会关注架子上摆放的介绍急性骨髓性白血病基本常识的小册子，会观察每一位病友，想知道他们的抗癌斗争史有没有我的“精彩”。

我和 NBA 全明星球员德怀特·霍华德相识已久，当年他还是亚特兰大西南基督教学校一名传奇式的高中生。在他成为奥兰多的头号选手，去休斯敦火箭队之前在洛杉矶的那段时间里，我都始终如一地追随着他。（2016 年夏天，他回到家乡效力于亚特兰大老鹰队。）2014 年我患癌后，德怀特是第一批与我联系的球员。4 月 13 日，即火箭队对阵萨克拉门托队当天，他的基金会以我的名义组织了一场献血活动，并且计划在当晚举行的比赛中表彰我。这一整天，墨西哥湾沿岸地区血液中心的地方分局都在丰田汽车中心接受献血。也许有一天，这些血可以挽救他人的生命。

我穿上自己那件最漂亮的红色格子外套、红色裤子和红色耐克鞋（所有这些行头全都是身在亚特兰大的史黛西快递给我的），然后和一些朋友——史蒂夫·亨利、约翰·克拉克、约翰的儿子吉姆以及克里斯·兰德勒，一大早就赶到了体育场。我在停车场一下车，迎面而来的是一张张友好的笑脸、善意的话语以及要求自拍的请求。从街角的那些“黄牛党们”——凭着自己是多年的常客我认出了他们中的许多人——到安保人员，甚至售货摊的小贩们，人人都跟我打招呼，鼓励我自强不息，并和我击掌。我特意绕到体育馆外面，走到仍然在排队等着献血的捐献者跟前。我见到了血液中心的工作人员，和捐赠者交谈，还拜访了全部 3 辆献血车，在那儿无论男女老少，无论什么肤色，他们的胳膊上都插着针管。我甚至撞见了 MD 安德森癌症中心的理疗师吉姆·普雷森，他在我的健身课上给予了我巨大的鼓励。

在上半场比赛的暂停时间里，火箭队的播音员把我介绍给了观众，他们在大屏幕上播放了我的镜头。球迷们起立欢呼，我向他们挥手致意，并做出飞吻的动作。

4 月 15 日，星期五，我在 MD 安德森癌症中心做了化疗和检查之后，下午可以稍作休息，于是我和三个哥们去了休斯敦的野猫高尔夫俱乐部打了一局。坦白说，目前 MD 安德森癌症中心的医生们反对我打高尔夫球或者参加任何类型的体育活动，因为我的血小板和红细胞值仍然很低，他们担心我会出血。不过我对自己的身体一直都小心呵护，也不想坐在酒店里白白浪费一个美好的下午。

彭马拉朱医生希望所有病人都能在对抗疾病的同时也能享受生活，他允许我自由活动，做自己喜欢的事，但是必须遵守一些基本规则：我必须坚持服用多种抗生素；我必须每隔几天做一次跟血液相关的治疗，这样可以确保医生在必要时给我输血；我必须在飞机上戴口罩，频繁地洗手，另外要避免细菌。不过，眼下我的身体状况能维持到这样的程度，已让人很知足很感恩了。65 岁的我身体依然强健有力，在过去的两年时间里，我的身体已经耐受了毒性非常强的化疗。确实，我一度掉光了头发，但是没有呕吐，没有恶心，身体对化疗没有排斥反应，记忆力也没有受损。我听说这种情况非常罕见。病情到了我这个阶段的急性骨髓性白血病患者中，只有不到 5% 的人能像我这样，在长期患病期间各个器官的功能完全不受影响。

我们打了 18 洞之后，我自我感觉还好。约翰·克拉克不小心把他的高尔夫球车撞到了我的车上，吓了我一跳，也让我情不自禁地大笑了一会儿。

“咱们接着玩吧！”打完了 18 洞，我坚持还要打。我开始觉得有点累了，不过我觉得自己还是会像往常一样，排除万难、马到成功的。打到第 21 洞时，我的鼻子开始出血，不停地流，血止不住。我想起医生们很担心我会发生出血情况，就我的病情而言，事实上这可能会致命。于是，我在鼻子上放了一块毛巾，朋友们开车把我送回 MD 安德森癌症中心，在那里护士们终于给我止住了血，又给我输了一次血，还几次露出一副“我说过会这样”的表情。

我耸耸肩，像柴郡猫一样咧嘴傻笑。

随着 NBA 季后赛的临近，我感觉自己的精力格外充沛，决心在接受治疗的同时继续工作。我知道自己必须留在休斯敦做每月一次、每次 8 天的治疗，而且这里也是我接受输血、补充血小板的最佳之地，因为我有可能会受感染，出现潜在的不良反应。在我接受化疗、输血和补充血小板的日子里，我可能每天都需要在医院待 8 个小时。

我希望能被派去报道休斯敦、达拉斯、圣安东尼奥，或者俄克拉何马的季后赛系列赛的首轮，因为这样我就既可以到 MD 安德森癌症中心接受治疗，又不会错过任何一场比赛。然而，特纳派我去报道克利夫兰 – 底特律系列赛，我们很快查找到了可以给我提供护理以及能做血液检查的医院。

在报道这个系列赛期间，我感觉很虚弱——也许是旅行和化疗导致的恶果，但是每当我在体育馆时，每个人都对我说着亲切的话语，拥抱我，这让我很受鼓舞。一旦我的血小板值触底，那基本上就是“僵尸”了。所以，我在底特律的西奈 – 格雷斯医院输了一次血，补充了血小板，不过我从未错过一次采访、新闻发布会或是比赛的重要时刻。

到了西部半决赛期间，我的任务是报道圣安东尼奥 – 俄克拉何马城系列赛。这太棒了！原因有很多：我知道这将是一个不错的系列赛，而且我喜欢这两座城市，到了 5 月，我还可以每天到休斯敦做为期 8 天的化疗。从 5 月 9 日开始，我从俄克拉何马城飞过来，接受了一轮的验血、化疗，和彭马拉朱医生讨论病情。还是老样子，病情没有多少好转，未成熟胚细胞值直线上升了几个百分点。他想让我完成目前这一轮的化疗，但我们也开始讨论寻找新的临床试验，关于骨髓移植手术的讨论暂时停了下来。

5 月 10 日，星期二，一大清早我就开始化疗，然后钻进一辆车，驱车三小时去圣安东尼奥，报道当晚马刺队对决雷霆队的比赛。我一到酒店，前台就告诉我，一位老太太已经等了我两天了。我问前台是否有这位老太太的更多信息，但是很可惜，老太太拒绝留言，也没有透露名字。

在酒店大堂里，我遇到了特纳的同事克里斯・韦伯，一起愉快地聊了一会儿。然后，他也告诉我，有一位老太太在找我。就在我正要问除了“老太太”，还有没有别的信息时，一位衣着端庄的女士冲到我跟前，哭了起来。

她穿着一条棕色裤子、一件珊瑚色的衬衫，是一位美丽的女士，与其说她像《贝弗利山庄》里的老奶奶，不如说像《金发女郎》里的贝蒂・怀特。

“赛格先生，我是卡拉奶奶。”她开口说话了。

原来是 85 岁的卡拉·戈麦斯奶奶，她专程从芝加哥飞来见我。

“你的经历和其他人的经历太不一样了。”她抓着我的手，含着眼泪说道，“你那么积极乐观，好像凡事都能发现美好的一面。”接下来，她给我讲了自己的人生经历。她一生酷爱体育运动，有一次看比赛时家里还被杰基·罗宾逊盗窃。她做过职业交际舞演员。卡拉现在住在芝加哥湖边，就在瑞格利球场附近。她如今拥有 5 个孩子、8 个孙子和两个重孙。卡拉从自己的人生感悟出发，聊了聊我的人生观。她浑身都散发着慈爱与幸福。

聊了几分钟之后，她拿出几份《体育画报》封面故事里有关我的抗癌故事的复印件，让我给她的孙子们在每一份复印件上签名，下面是这些孩子们的一幅幅照片。在一起待了大约 20 分钟后，我们互相拥抱，她提出要捐款帮助我抗癌，然后，便返回机场，飞回自己家去了。

我对刚刚发生的一切错愕不已。

后来，我前往体育馆去采访凯文·杜兰特，然后在场边报道了令人叫绝的第五场比赛，之后抽空睡了几个小时。第二天早上，我乘坐第一架航班飞去休斯敦，完成一系列会诊、验血以及化疗。我见了恰兹尔巴什医生，尽管希望渺茫，他们还是要着手查询全球范围的捐赠者登记系统，寻找配型。第二天早上 9 点，化疗结束后，我坐上了飞往俄克拉何马城的航班，去报道第六场比赛。接下来的那天早上，我又飞回休斯敦继续接受治疗。旅行使我疲惫不堪，可是工作却让我保持活力。

虽然有些人可能会认为，在抗击白血病如此关键的时刻，我却继续工作，这一举动很鲁莽或者说很危险，但是我要说，是我的工作拯救了我，同时工作也造就了我，它是我赖以呼吸的空气。我知道有些人可能会问，既然我已经命悬一线，不知道自己还能活多久，那为什么不留在亚特兰大和家人一起共度每一天呢？对这样的疑问我完全理解，但我的回答可能不是他们想听的。我一生都倾心于体育运动，热衷于报道体育赛事，我从事一项工作，或者说持续做我的工作，从来不是为了寻求财富或名誉。在我 35 年的职业生涯里，从未有过经纪人，有时为了追求下一个挑战或机会，我宁愿接受减薪。不得不说，是我的工作造就了我，不管是好的方面，还是坏的方面。

我绝不会停止工作，除非彭马拉朱医生告诉我，工作可能会杀了我——因为据我所知，放弃我的工作才会杀了我。

日复一日

5 月做化疗期间，有一天下午，我感觉自己状态很好，可以走半英里回万豪酒店。我走的是自己平常走的路，就是一条在德克萨斯医疗中心一幢幢大楼间蜿蜒而行的小路。这天，我注意到一名妇女，穿着红色志愿者马甲坐在正门外的长椅上。

“我能和您聊一小会儿吗？”当我走近她时，我问道。

“我叫科琳·斯卡马迪。”她回应道，然后用手势示意我在她身旁坐下。

“我白天和晚上都从儿童医院旁边路过。”我说道，“我看到进入这里的车永远都拥堵不堪。有那么多生病的孩子，你是怎么面对这种情况的？”

她给我讲了那些绝不会获准离开这栋大楼的病童们，也讲了她每天在父母们脸上看到的痛苦和悲伤。不过，她也分享了那些正在抵抗疾病、对自己的疾病知之甚少的“一张张小脸”给予她的激励。她说，他们和疾病的抗争几乎都是处于被动屈从的状态。

“他们不会想太多。”她说道，“他们只是做……为了获得快乐而必须做的事。”

当她说话的时候,我能感觉到自己的眼眶里渐渐溢满了泪水。我们交换了电话号码和电子邮箱，我拥抱了她，然后继续走我的路。

我在想，在我的抗癌之战中是谁一直在激励我？答案当然是史黛西和孩子们，但还有其他人。

大约 10 年前，在一个高尔夫球场上，我遇到了埃德・普利多。埃德在谈起高尔夫球赛时，以及与那些素未谋面的人互动时，都表现得很风趣，很热诚，也很积极乐观。然而在奥兰多举行的 2009 年度高尔夫球锦标赛上，我才真正了解了埃德的积极乐观所彰显的威力。

他的父亲在军队服役 30 多年，埃德也子承父业，在美国军方要训练一支新的部队时，他步入军队行列，成为了大卫・彼得雷乌斯将军的忠实助手。2004 年 8 月 17 日，埃德和另一名士兵乘坐的吉普车在前往巴格达城外的新基地途中，撞上了一个简易爆炸装置（IED），导致吉普车起火燃烧。埃德遭到了爆炸的冲击，一位军医把他从燃烧的汽车中拉了出来，救了他一命。他被送到巴格达的一家医院进行治疗，随后又被送往伊拉克的巴拉德，后来又被送到德国和华盛顿州的沃尔特里德陆军医疗中心，最后到了圣安东尼奥的康复中心。2004 年 9 月下旬，虽然医生们竭尽全力，设法避免他的左腿出现致命的感染，但最后为了挽救他的生命，还是把他的左腿截肢了。他在医院住了一年半的时间。

正当他在沮丧与绝望中挣扎之时，那青铜星章、紫心勋章以及其他荣誉所体现的英勇气概开始在他身上发光发热。不久，埃德就意识到，他还有一个帮助他人的机会，从此他便成为了受伤士兵和失去挚爱亲人的那些家庭的代言人。他身上的正能量惠及他周围的人，这正是我在伤残军人高尔夫锦标赛上首次遇到他时的切身感受。

"我真想马上回到战场。"在我们所有人都被清场之前，埃德和我分享了自己的想法，尽管付出了沉重的代价，但是他依然无比渴望回去继续服役。

我的病被确诊后，我躺在医院的病床上，因为住院要长达数月而难过不已，这时我想起了埃德，想到他在医院里挣扎了近 18 个月。

他的勇敢、乐于助人的坚韧态度以及他那坚信每一天都是一份礼物的执着信念，在我的抗癌之战中一直激励着我。同时，我也想到了一个叫莱西的小姑娘。

莱西·豪尔斯沃斯年仅 5 岁时就被诊断出患有神经母细胞瘤，这是一种致命的神经癌，她的预后很差，但是医生们低估了积极思考的威力。2012 年 2 月，莱西在密歇根州兰辛市的斯洛斯医院接受治疗，这家医院就位于密歇根州立大学附近。有一天，由名人堂教练汤姆·伊佐率领的密歇根州立大学男子篮球队来访，为被困守在医院里的孩子们送来了微笑。莱西因为疾病导致腰部以下瘫痪，当球员们走进来的时候，她正平躺在理疗室里。球员们一一走进来跟她打招呼问好，这位小篮球迷的笑容也随之变得越来越灿烂。护士们告诉她，她可以选择一位球员来陪伴她做痛苦的化疗，她选择了阿德雷安·佩恩。他是该队的球星之一，总是笑眯眯的。阿德雷安陪她做完了一期的化疗，然后他和莱西久久地拥抱，之后他问护士自己能否和他的这位年幼的新朋友保持联系，莱西的父亲马特当时正在医院，便很高兴地留下了联系方式。

后来的几个月，阿德雷安和莱西一直保持着联系，他们也越来越亲近。在接下来的赛季到来时，莱西的病情得到控制后，她还去布雷斯林中心现场观看了比赛，为斯巴达人队以及她最喜欢的球员加油。其中的一场比赛我正好在场观战，因此我得以第一时间了解到她是如何勇敢地抗癌，又是多么坚强不屈、积极乐观的，而且当时越来越多的体育节目播音员和记者都在分享她的故事，以及她与阿德雷安出人意料的友谊。不久，我也义无反顾地出席了密歇根州立大学的一场比赛，只是为了能见到这个了不起的小姑娘。她的精神和微笑充满了无穷的魅力，真真切切地打动了我。

2013 年 11 月，莱西的病气势汹汹地卷土重来，我为她和阿德雷安做了一个专题节目，在特纳转播的“教练与癌症”两连赛期间插播，那时我近距离地感受了她的勇气和积极态度。当她的父亲和女儿谈论死亡这个艰难的话题时，她的回答是，她很高兴是自己得这种病，而不是她的弟弟卢克，因为他还太小，不懂事。我和莱西的父亲马特也保持着联系，到了 2014 年年初，莱西红遍了全美。在 2014 年 3 月举行的一场 NCAA 锦标赛上，密歇根州立大学表现出色，她在其中起到了近乎魔幻般的作用，因为她抱病到现场观看了比赛。4 月 8 日，她输掉了抗癌的战斗。她拼命地抗击敌人，透支了自己的生命。可惜啊，莱西还那么年轻，原本未来还有那么多的美好瞬间等着她去体验。

在我自己的抗癌之路上，我常常想起莱西。到目前为止，我的生活过得很精彩，从而得以在记忆中留下了一些美好的事情，所以不管那一刻何时到来，我都要坚持不懈地在我的人生画布上挥洒泼墨。可是莱西呢？她才刚刚将笔刷蘸上颜料。我之所以至今还在战斗，是因为她曾经战斗过。我要替我们俩而活。

埃德和莱西在我的心中占据特殊之地，另外还有很多素不相识的人对我的关爱也让我感动不已，他们给了我力量和鼓励——就像卡拉奶奶那样。这些来自世界各地的人们，有的是年轻人，有的是老年人，有的是球迷，有的不是球迷，有的自己也在经历着抗癌斗争，有的则是在做他们挚爱亲朋的后盾。日复一日，我们家的信箱里塞满了信，比如下面这封：

我的名字叫斯宾塞·布鲁诺，我是一个雄心勃勃的体育节目播音员。您不仅激励着我本人，而且也激励着每天都与各种疾病斗争的那些人，这样说毫不为过。我真高兴您能参与今年NBA总决赛的报道。我祝愿您能早日康复，继续您精彩的事业。这一生能见识、欣赏到您独特的风格，是我的荣幸。

斯宾塞·布鲁诺

他还在信里夹了5美元。

现在，当我开始经营自己的家庭，做我的工作，做所有其他我们必须做的日复一日的杂务时，有时我会想，我需要休息一下，但是接着我就想到您必须经历的以及已经经历过的事情。您激励着我变得更好，做更多的事。您有一个美好的家庭，却依然继续报道所有的NBA季后赛，一直为了活下去而与病魔抗争。这种精神真的激励我努力去做更多的事情，也让我更加热爱生活，爱我的家人。我多么希望自己未来的许多年里一直都能看着您身穿图案“疯狂”、色彩鲜艳的外套的样子。您是一个非常坚强的男人，鼓舞了很多人，请一直坚强下去……一直做坚强的赛格……

安德鲁·丘尔

5月的8天化疗的最后一天，正好赶上了西部决赛金州勇士队对阵俄克拉何马城雷霆队的开幕战。我赶在早上7点的预约时间之前到达MD安德森癌症中心，接受完化疗，然后冲到机场赶10点30分的航班飞到旧金山。着陆后，我换了衣服，去了甲骨文体育馆，做赛前准备，然后是第一场比赛。比赛结束后，我筋疲力尽，以至于关掉了手机铃声，这样我可以一觉睡到周二早上——我可从来没有这样干过。周二，我工作了一会儿，打了一会儿高尔夫球，周三晚上又返回赛场报道第二场比赛，然后又在5月18日乘坐夜间航班回到了亚特兰大。我直接从机场到北区医院办理了登记手续，果不其然，检查发现我的血细胞和血小板值都很低。不过这次我终于得以回家了。

有两个晚上，我可以在自己的床上睡觉，更重要的是，可以和孩子们、史黛西在一起。在前往俄克拉何马城报道第三场比赛之前，我也有机会再往我的衣橱里添几件新衣。俄克拉何马城的两场比赛令人震撼，但我的身体状态很差，而且大部分时间都待在俄克拉何马医院里——我本以为两袋血和两袋血小板就能让我恢复活力。

我的病情不断反复，这一状态持续到了第 7 场比赛结束，勇士队戏剧性地在 1 ：3 落后的情况下赢得了系列赛。这场系列赛的结束也意味着我的NBA 赛季结束了。不得不承认，我已经筋疲力尽了。旅行、输血、睡眠不足最终耗尽了我的体力。此外，我期待着能在 10 月份返回赛场边。后来，我接到了特纳打来的电话，娱乐与体育节目电视网 / 美国广播公司问我是否愿意加盟其中一场 NBA 总决赛，担任场边记者。这一邀请如同幻觉一般令人难以置信，在担任播音员的这些岁月里，我从来没有以记者身份报道过总决赛。我受宠若惊，也很得意，但是又担心会冒犯别人。当然，这之前还有一个问题：化疗。

按计划，我要在 6 月回到休斯敦，开始另一轮为期 8 天的化疗，所以我唯一能加盟报道的比赛是第 6 或第 7 场——假如有第 6 或第 7 场比赛的话。我仔细观看了这个系列赛，做了笔记，看了美国广播公司的制作，同时也做好了心理准备，尽管这机会可能不会降临。但后来机会真的来了！勒布朗・詹姆斯带领克利夫兰骑士队从 3 比 1 打到了 3 比 2，我就要前往克利夫兰报道第 6 场比赛了。

当我飞往克利夫兰时，紧张的情绪早就消失得无影无踪了。毕竟，我是有备而来的，我了解那些球队和教练。我权当这场比赛是娱乐与体育节目电视网和特纳额外送给我的一份礼物。我以前曾经和实况解说员麦克·布林以及分析人士杰夫·范·甘迪、马克·杰克逊一起报道过赛事，所以我对这些流程很熟悉。所有人中最和蔼可亲的是场边记者多丽丝·伯克，她允许我参与播报，并在比赛期间接手她分内的一些事务。我被派去报道勇士队，又和多丽丝一起报道了骑士队的比赛。多丽丝告诉我，她想让我做所有比赛教练的采访工作。

当克利夫兰貌似要赢并且追平了系列赛的比分时，我问娱乐与体育节目电视网的制片人自己应该去哪里，该采访谁。我以为他们想让我去输球一方的球员更衣室外边，对斯蒂芬·库里或者史蒂夫·科尔做一个简短的采访。

“不，你要在场上采访勒布朗。”多丽丝插进来说道，口气很坚决，结果制片人同意了。

所以，终场哨声一响，我就朝勒布朗走了过去，相比之下，这场采访更像是一场交谈。最后，我还有时间再问一个问题，那一刻我决定分享一下一位主场球迷的感想。

“恭喜你，这场比赛棒极了。能来到这里亲眼见证这一盛况，我真是太高兴了。”

“首先，我要问你一个问题。”勒布朗用一只胳膊搂着我说道，“你怎么能 30 多年都捞不着机会报道总决赛呢？这说不过去呀。哥们，我很高兴见到你，我非常爱你，尊敬你。我很高兴你能够在这些球迷面前见证这一点。我们真的很感激你。”

幸好，等我的泪水夺眶而出时，制片人已经把镜头切到了麦克·布林那里。这是一个绝妙的时刻，但在某种程度上来说，也是令人悲伤的时刻。对我来说，NBA 赛季已经结束了。篮球让我度过了一个艰难的春天，因为我的白血病在急剧恶化，不过眼下这些都结束了。

6 月下旬，为了庆祝我的 65 岁生日，遵照我们家庆祝生日的传统，我和史黛西、孩子们飞到巴哈马群岛的亚特兰蒂斯。我们在游泳池里游泳，在附近海域钓鱼，沐浴在阳光下（尽管医生警告我不能在阳光下过度曝晒）。一天傍晚，当孩子们在一边玩的时候，史黛西在我身旁坐下，掏出她的手机，给我看了一张照片，上面是一辆崭新的 1968 款庞蒂亚克 GTO。

“这是你的了。”她兴奋地说道，“我从芝加哥一位经销商手里买的。”

太好了。这是一款鲜红色的敞篷车，是那一代车中造型最漂亮、功率最强大的肌肉车之一，它让我想起了自己人生中无忧无虑的早年时光。

“我开不了了。”我对她说道，眼睛里噙着泪水，“我不会开的，车库里已经塞不下了，我们还是等到圣诞节再买吧。”

我知道在接下来的几个月里，我会躺在医院的病床上抗击病魔。尽管这份礼物极其慷慨，出自好意，但我不想让这昂贵的礼物被浪费掉。不过，它会让我保留着期待。

我从彭马拉朱医生那里得知我的预后结果并不好，几轮 Lirilumab 和维达扎的治疗无效——我的未成熟胚细胞值高达 54%，而且还在快速增长。MD 安德森癌症中心的医生们会诊，商讨我的最佳治疗方案——这也许是我唯一的机会——做为期 3 天的 3 种高剂量的毒性化疗，我需要住院 21 天以便监测其有效性。如果这种新型的混合药物能够奏效，而我的未成熟胚细胞值能降至 8% 以下，医生们就会立即着手做罕见的第三次干细胞移植手术。不过因为预后并不好，而下周我还有一件事是不能错过的，所以我和彭马拉朱医生一致同意，于 7 月 27 日开始这一轮治疗。

这一诊断和治疗方案意味着，8 月份我将无法去巴西替全国广播公司播报奥运会了。这本将是我连续播报的第七届奥运会，我会被安排去报道美国男篮，对此我一直充满了期待。但老实说，我深知，随着病情的恶化，里约热内卢会变得离我越来越遥远，所以我不能去的消息也不那么令人惊讶了。

以前，我收到过比这次的预后更糟的坏消息，但我和史黛西决定抗争到底。我坚信，化疗会有效的，我将接受第三次骨髓移植手术，我还要活很多年。我们决定暂时先不告诉家人这一消息。

又一次机会

我一直全神贯注于属于我的那些日子——返回休斯敦前的 12 天，这些时日里我为挽救自己的生命做了最后一次努力。我去巴达维亚参加了一场高尔夫募捐活动以资助巴达维亚高中篮球队，并和队友们一起缅怀万德尼克教练。尽管在我成长的过程中，这个小城也在成长，不过即使到了今天，它仍然给人一种还是梅比利镇的感觉，在过去的 36 年里任职的还是那位杰夫·施莱克市长。

我和史黛西、赖利、瑞安一起去了缅因州，抓了鱿鱼和龙虾当晚餐。我回到了巴达维亚，花了几个小时参加约翰·克拉克女儿的婚礼。我曾经向他承诺 2 月份会回来。当我回到亚特兰大，到北区医院验血时，我的血小板值下降到了 2000，或者用简略的医学术语说是“2”。我知道白血病在凶猛恶化。

在去休斯敦之前，虽然我的身体状况不好，但有一个地方我还是执意要去。我和史黛西在开曼群岛的丽思卡尔顿酒店预订了一个房间并住了 3 个晚上。在开曼，我和史黛西乘坐一艘霍比猫号船去航海。距离我上次航海，时间已经过去了将近 30 年。在这里我很快就恢复了状态，找到了昔日的感觉。船上除了我和史黛西以外没有别人，这对我来说是一段美好的记忆。

我和史黛西一起在水上航行，这令人兴奋，也让人神清气爽，感觉身心得到了释放。阳光照在我的脸颊上，水像薄雾一般喷洒在我的身体上，风用力吹动我的头发——这让我感到自己身上依然有活力存在。当我调转船头迎风航行时，我松开了舵。船帆松弛，船停了下来，四周一片寂静。我在她的唇上吻了一下，然后我们就手牵手，任船漂浮在晶莹剔透的蓝色水面上。此刻我的生活仿佛恢复了常态，不再是躺在医院的病房里。但遗憾的是，我知道自己不能永远待在外边，于是我们回到亚特兰大短暂停留了一下，然后飞往休斯敦。

我们和彭马拉朱医生及其同僚会面时的讨论格外艰难。尽管他像往常一样乐观、自信，但他也告诉我，我的治疗之路前途未卜。血检的初步结果显示，我的白血球值很低。白血病来势凶猛，一轮为期 3 天的 3 种高毒性药物化疗是我唯一使病情得以控制的机会，接下来才可以进行第三次移植手术。彭马拉朱医生警告我说，这 3

天将会很难熬，可是对此我没太在意，因为这种困境我已经经历过了。但后来证明，他的话我真应该听。

在我的抗癌之路上，史黛西始终陪伴着我。我们到达休斯敦后，她的腿和胳膊上出现了小皮疹。2014 年，当我第一次被确诊白血病时，史黛西就患上了严重的带状疱疹，她担心这次又是这个病。（后来，确定不是带状疱疹，而是植物性皮炎，一种因对植物或水果过敏而引起的皮肤疾病。）鉴于我的免疫系统很差，彭马拉朱医生打发史黛西回酒店，然后回亚特兰大去。我请求至少能够让我下楼去跟她告别，此时我的心真的碎了。当她小心翼翼地拥抱我时，我流下了眼泪。她离开的那一刻是我一生中最悲伤的时刻之一，我要独自经受这一切了。

接下来的 48 小时里，我的身体承受了整个抗癌期间最大的磨难。化疗在杀掉我身上的坏血细胞的同时，把所有的健康血细胞也杀掉了，而且把我的五脏六腑也都快撕裂了。由于化疗和那些液体的缘故，我在 48 小时内体重增加了 16 磅，之后，在化疗停止后的几个小时里，我又瘦了 13 磅，医生们还用呋塞米利尿剂来清除我的身体器官和动脉里的多余液体。我几乎不能言语，无法集中注意力，难受得想撞墙——这是我经历过的最糟糕的事情。但我知道这只是几天的时间，所以我拒绝用止痛药，因为我相信靠自己的意志力能战胜身体的疼痛。

果然，在结束了这一轮化疗的几小时后，我渐渐感觉好多了。当护士们终于拿掉了我身上的输液管时，我绕着医院的地板走了一圈，还到户外顶着休斯敦的炎炎烈日跑了几圈。

化疗药物需要花几个星期的时间来“慢慢消化”，所以几天内我们还不清楚它的有效程度，但这并没有阻止我追问彭马拉朱医生即将要做的骨髓移植手术的问题。

“我们有现成的捐献者了吗？”

“嗯，找到了 14 ： 14 的匹配者，但是还没有进一步确认他或她是否愿意做移植手术。”

“那为什么我们不赶紧搞清楚，捐赠者愿不愿意呢？”

“别慌，我们正在确认呢。”

“今年你做了几例急性骨髓性白血病患者的第三次异体干细胞移植手术？”

“一例都没有做过。”

我完全相信化疗是有效的，而且我的未成熟胚细胞值已经降到了接近零的水平，我也确信自己会在几周内接受移植手术，秋天我就能重返 NBA 赛场边。

读到这里，读者朋友们大概已经对我有所了解了，我不能——也不会——就躺在 MD 安德森癌症中心第 12 层的病房里，等待两周时间，来观察我体内的有毒化学物质是否在起作用。在接受化疗后的最初几天，我感觉非常好，而我能看到的电视内容只有“世界体育中心”节目和电视剧《荒野大镖客》。最后一次化疗之后，只过了 36 个小时，我就能在病床上侧身透过窗户，观望休斯敦的天际线、晶莹剔透的蓝天，以及附近的霍比机场上时不时起飞降落的飞机了。这对一个身陷绝境的白血病患者来说，实在是格外美好的一天。

此时我开始预谋逃跑。我打电话给休斯敦的好朋友兼高尔夫球友史蒂夫·亨利，请他在正午时分准时把他的小货车停到楼下。这个时候我正好输完血小板，可以告诉护士们我要去散步，请她们把我右胳膊上插的各种管子从端口上取下。我迫不及待地想摆脱输液管的束缚，去享受户外的自由时光。可是一位护士通知我，我还需要输血，因此我的计划泡汤了。不过，凭借我的魅力、我的决心，我们最后达成了协议，我可以“散步回来”以后再输血。

等血小板袋子空了，我立马穿着 T 恤和内衣从床上跳下来，轻手轻脚地大步走到衣橱跟前，拽出一件深紫色高尔夫球衫，紫色和粉色双色齐膝短裤，然后穿上我的耐克鞋，朝门口走去。这身穿着的确不算是最隐蔽的逃生行头，但我想，如果有人问起，我会告诉他们，我想“衣着鲜亮地”去散步。

在去坐电梯的路上，我碰到了负责我的几个护士和一位医生，他们只是问我感觉怎么样。当我到达电梯门跟前时，我知道我成功逃脱了。（因为离开医院的地盘意味着违反医院的规定。）

这是休斯敦的一个炎热的日子，我所说的热指的是 90 华氏度以上，热指数超过了 100。但我毫不介意，我不在乎医生们不希望我晒太阳，不在乎 3 天的高强度化疗仍然让我感觉体内刺痛，也不关心白血病是否会突然把我的身体搞垮，此时此刻，我只知道我是自由的。我跳进小货车里，我们开了 6 英里路来到附近的一个高尔夫球场。

当我弯下腰，把我的球座插进第一洞发球区的地面上时，我最大的担心是，要尽量避免把五天前插入并缝进我胳膊里的那个端口撕掉，它在我的右胳膊肘上方悬着。不过，做了几个轻微的挥杆练习之后我就放心了，我知道不会出问题。我深吸了一口气，闭上眼睛短暂休息了一秒钟，然后击球。这一杆不是我的最佳击球。随着洞数的增加，我的击球表现越来越差，而且我感觉自己的身体状态越来越差。打到快第 5 洞时，我明知自己是打不完前面的 9 个洞了，但还是执意要打完。在打到第 7 个球座时，我错失了自己的第一杆，第二杆打到了沼泽里，然后另一杆（我的附加击球）则打到了灌木从中。对于那些自认为高尔夫球技高超的人来说，这场球简直失败得让人无地自容。我的身体失去了平衡，开始感到恶心，眼睛也很难专注地看着球。

当我把高尔夫球车推到第 8 个发球台时，我还能撑得住。我的固执让我超常发挥。之后我停住球车，开始大口大口地呕吐。

“快让我进去！”我低声说道，就这样，我们直接开车到了高尔夫俱乐部会所，而我在球车小路上呕吐了一路。进入室内后，冷水、毛巾以及一些空调凉气都会对我有帮助。我的朋友们扶我上了卡车，然后我们又回到了医院。尽管我打得很差，身体一直都不舒服，只打了七洞，不过这场球打得还是很值得。

令人惊讶的是，在几个小时内我便感觉好多了，而且我已经在考虑当天的下一站：丰田中心。

美国篮球队正准备动身前往巴西参加奥运会，并在休斯敦参加了与尼日利亚国家队的最后一场表演赛。我不能去里约，但我要尽最大的努力为他们送行。当然，在当天下午的高尔夫球场上经历了惨败之后，我心里清楚自己必须输血了，所以我不知道自己还有没有可能去报道这场比赛。8 点 15 分，比赛开始后，最后一滴血液输进了我的身体，然后我就走了，没有告诉护士我要去哪里，什么时候回来。

当我到达体育馆的时候，正是第三节和第四节的间隙，美国队的分数比勇猛但天赋不佳的尼日利亚队高出了 30 多分。当我走到靠近场地的座位时，有几个球迷热情地冲我欢呼，等我出现在了大屏幕上，整个体育馆的人都冲我起立、鼓掌、欢呼，我感动不已。我知道他们在为我的抗癌之战而欢呼，而不是为了我。

比赛结束后，让我吃惊的是，美国篮球队的负责人杰里·科兰吉洛邀请我回到球队更衣室。虽然我报道奥运会男篮的历史可以追溯至 1992 年，但是特别奇怪的是，我从来没有进过更衣室，因为在奥运会上，媒体人士都被安排在一个统筹区的外面，球员和教练都是被带到那里接受采访。在和球员们打了几次招呼后，在教练更衣室里我见到了主教练迈克·沙舍夫斯基，他让我和他一起去球队，因为他要给球员们训话。我很荣幸能获准进入体育界的这间密室。

他先总结了球队的奥运会赛前准备情况，并提醒球员们，他们永远代表着自己的国家，然后沙舍夫斯基教练转头看着我。

“好吧，你们大家都认识克雷格·赛格。克雷格，该你讲了。”

刹那间我意识到，老 K 教练不单单是在介绍我，而且是在邀请我向国家队讲话。不过，我从来都不是一个善于发表演讲的人，我就是那个倾听他们心声的人，我是那个为别人的才华、重大时刻以及故事而惊叹的人，我是那个有幸见证他们惊人壮举的人。可是此刻，我站在那里，站在一些世界上伟大的篮球运动员和教练面前。他们的眼睛直视着我。

嗯，谢谢大家，很高兴来到这里。我一听说你们到这个城市了，就想方设法来了，虽然我是比赛的后期才到的。

我祝你们在里约一切顺利。从 1992 年“梦之队”开始，我报道了每一届美国篮球队的奥运会比赛。虽然我一直都想去里约，但我要做骨髓移植手术，由于白血病未成熟胚细胞值在上升，因此医生们认为做第三次骨髓移植手术的时机到了，他们找到了一个匹配的捐赠者，马上就得做。

我会看每一场比赛，我为你们感到骄傲。奥运会比赛不像今晚的比赛那么容易，你们会面临重重难关，要面对杀气腾腾的环境、判罚可疑的裁判。每个球队都会想方设法对你们犯规，特别是在后场，好阻止你们的快攻打法，但我知道你们会严阵以待，会千方百计地调整战术。

我的目标是准备好迎接 10 月的揭幕战之夜。等到那个时候，再见到你们，我希望你们个个都身挂奥运金牌。

祝你们好运。

当我讲完话后，整个篮球队情绪高涨，在卡梅隆·安东尼的带领下，一个接一个地走过来和我拥抱，很多球员都为我祈祷，表达对我的支持。这是我一生中最自豪的时刻之一，我在休斯敦度过了让我永生难忘的完美一天。

第二天则更棒，因为医生通知我，那位匿名捐赠者已经同意捐献骨髓，第三次骨髓移植手术定于 8 月 31 日进行。这是我的最后一次机会。

父亲给我的教诲

小克雷格·赛格　撰

大多数人都以为，我从父亲那里学到的东西，和成长过程中父亲教给我的东西完全是一回事，其实二者不一样。我从他身上学到的东西，尽管我多年来都在试图加以摆脱，但事实上它们依然在我这儿延续着。而父亲教给我的东西则很简单：如何充分享受上天赐予我们的生活，如何不停地寻找生活的乐趣。

别误会我的意思，父亲在这两方面的建议并不浅薄。他清楚地意识到，充分享受生活的同时依然设法寻找乐趣，这单凭空想是不可能实现的。我父亲无人能及的职业道德，还有他不接受“不行”的态度，都是我学到的宝贵品质，也是我毕生努力去身体力行的品质。

即使是我父亲没有教过我怎么做的事情，我也会努力去做，这种努力的精神被视为我们赛格家特殊的感情黏合剂。每当我因为失败而灰心丧气时，他就会给我多“擦”一点这种黏合剂，然后提醒我，总有一天我可以在一切事情上打败他，并敦促我继续练习。正是这种父子间的较量塑造了我。

我想充分利用我所拥有的这些财富。我可以吸取他的成功经验，寻找那些他没有做而我可以做的事情。我开始搜寻任何可能的优势，并加以利用，随着岁月的流逝，我希望在一些方面能变得比他更好。我养成了一种思维定式，即假如他没有做这些特别的事情，是不是就不会这么优秀，那么如果我做了这些事情，是不是会更优秀呢？

我暗自想，他是一名优秀的运动员，但是在成长的过程中，他并没有真正练过举重，这就激发了我练举重的欲望；在成长的过程中，他也没有过营养计划，于是我开始研究营养学，并利用我的健康饮食来获得另一种可能的优势。

我所有的家人都在互相较量，以图让自己变得更好。我的父亲恰恰是我最强劲的对手，也是我前进的最大动力。在生活中每天都追随他的脚步，这让我有压力感。在我的挑战到来之前，这压力让我感到窒息，但之后它就成为了我的能量源以及最大的力量源泉。

不过，从我父亲生病的那一刻起，这些教诲和信念都发生了改变。我想我必须自己教导自己了，尽管我还不确定自己应该成为什么样的人。爸爸总是盲目乐观，还毫不自知，和他不同，我是一个悲观主义者，多愁善感。这些年来，我不停地体验着每一种情感，让它们在某一时刻引导我。

我开始回想自己从爸爸那里学到的所有东西，这些东西可以帮助我走过前方的荆棘之路。我开始意识到，我从他身上学到的东西，和他教给我的东西，其实都是一回事。这些年来，他不经意间教会我如何教导自己。他不可预知的生活方式、职业道德以及他那坚定不移的人生观，不仅仅是我在成长过程中所认可的基本技能，更是他传递给我的宝贵品质，这些品质可以让我做好准备，迎接生活抛给我的一个个曲线球。适应能力以及接受变化的能力已经融入我的生命之中。

在他与急性骨髓性白血病抗争的两年间，他仍然影响着我对生活的态度。每当遭遇困境时，我不再问自己，这种情况将会给我的生活带来怎样的改变，因为他教会我，我的生活是否改变取决于我的选择。那些我曾经听任其摆布的一个个目标如今成为了我的向导。要多多关注“小事情”以及当下，而不是目标本身，只有这样，在自我成长的进程中，我才会收获多多、成效显著。

我不知道自己能否像父亲一样保持积极乐观的心态，但因为除他之外，我从来没有遇到过像他那样积极乐观的人，所以我不能太自责。我和所有人一样，所能做的就是像他那样满怀激情地过好每一天。我不再害怕自己的种种情绪，或者受其控制，因为他让我看到，保持积极乐观的心态绝非难事。虽然有时我觉得生活非常艰难，但我知道爸爸仍然能够想办法从中找到乐趣。他总是让我充满希望，而这永远是我最渴望拥有的精神力量。

永不放弃

我第一次见到吉姆·瓦尔瓦诺（后文中的吉米和吉米 V 均指吉姆·瓦尔瓦诺，吉姆是吉米的简称，吉米 V 指吉米五世，吉米 V 奖即因他而设。——译者注）是在 20 世纪 80 年代，当时他是我们 CNN 亚特兰大分台《高校教练角》节目的常客，因为他总是在这里发掘下一个北卡罗来纳州立大学的篮球天才。吉姆是一个爱交际的人，富有同情心，无论是在直播节目时还是下了节目，都容易激动。他出生在皇后区，长于长岛，身上具备了那种在几分钟内就能把一屋子的陌生人变成朋友的“它”（自负）基因。在大部分美国人眼中，吉姆教练是个怪人，他带领北卡州立大学球队荣获 1983 年全国锦标赛冠军，在北卡州立大学球队投进制胜的一球后，他绕场一周，见人就抱。1990 年，他离开教练职位后，转战电视界。特纳聘请他在 1991 年古巴泛美运动会上担任现场解说。他直播时的表现棒极了。不需要场边播报比赛的时候，我们就像哈瓦那的年轻人一样到外边游荡，吉姆和古巴年轻人相处得就像同自己的同事那样好，他常常停下脚步，和他们在城市的人行道上用临时的篮筐投篮。

1992年6月，吉姆被诊断患有腺癌，这是一种致命的骨癌。当我第一次听到这个消息时，感觉难受极了。然而，他像我一样满怀激情地积极生活，活在当下，珍惜每一次生命的呼吸，总是从积极乐观的角度看待人与事。

吉姆的癌症恶化很快，但他从未因为化疗而失去那一头标志性的黑发，从他的外观上也看不出疼痛和生病的迹象。1993年2月，他登上ESPY颁奖台，领取了亚瑟·阿什勇气奖。那时，我们许多人满怀着敬畏之心，观看了他那场非同凡响的演讲。这里摘录其中的部分内容：

人们问我："你是如何度过人生或每一天的？"我认为，大家每天都有3件事要做，这也是我们一生中每天都要做的。第一件事是保持欢笑，你们每天都要笑。第二件事是保持思维活跃，你们要花时间思考问题。第三件事是你应该调动自己的情绪，能感动到流泪——不管是幸福感还是喜悦感。对这三件事你一定要重视。如果你欢笑，你思考，你哭泣，那就是完整的一天，那才算得上是度过了一天的时光。如果一周7天你天天如此，那你就拥有了无价之宝……

我刚刚想起还有最后一件事。我劝你们所有人——你们所有人——要享受你们的生活，享受你们拥有的宝贵时光，带着一些笑声和一些想法度过每一天，任你的情绪自由宣泄。每天都要充满热情，就像拉尔夫·沃尔多·爱默生所说，“无热情成就不了伟业”。要一直怀抱梦想，不管遭遇何种难题。要保持为实现梦想而努力工作的能力……

我知道，我得走了，我得走了，但我最后要说的是——我以前说过，我想再说一遍——癌症可以破坏我所有的身体机能，但它伤不了我的头脑，伤不了我的心灵，也伤不了我的灵魂，这 3 样东西将会永存。我感谢你们，愿上帝祝福你们。

20 年后，我几乎每天都想起我的这位朋友和他说过的话。我告诉自己：不要放弃，永远不要放弃，我不能放弃，我不会放弃。我把吉姆的 ESPY 演讲下载到我的手机上，当我需要振作精神时就打开来看，它已经播放了很多次。我需要它。

时光回到 2016 年 5 月。我在休斯敦，身上正插着化疗输液管，这时手机铃声响起，史黛西的号码出现在我的来电显示上。

“亲爱的，你好。”

“克雷格，我的名字叫毛拉·曼特，我现在是和你的妻子史黛西一起打电话给你。”一个陌生的声音说道，“我是 ESPY 颁奖礼的执行制片，我们打算把今年的吉米 V 毅力奖颁给你。”

我无法准确地想起自己当时的第一反应，不过我确信我先是沉默，然后说了句“不可能”之类的话。我将会像吉姆·瓦尔瓦诺和其他许许多多公认为勇敢无畏的男士和女士们一样获此殊荣，这简直难以置信。

确认了得到邀请的事实之后，我立即开始思考两件事：我要穿什么，我要说什么。在我一生度过的所有夜晚中，这个夜晚的重要性将无与伦比。我将有机会能站在洛杉矶的舞台上，面对电视机前的几百万观众，鼓励病友们永不放弃，斗争到底，也提高人们对癌症研究的认识。这是一个我不能白白浪费的平台。

我决定穿一件迈阿密雷克斯服装店的西装，这是一件有猎豹图案的黑、白、黄三色西装外套，配黄色衬衫和棕色裤子。弗拉泰利给我做了一条设计完美的领带。我在耐克公司的朋友们给我特制了一双色彩匹配的豹纹运动鞋，鞋舌上绘有时尚的 Mr. fancy 和 suits 字样。就这样，服装搞定了。真的，跟我以前穿过的服装完全不同。现在我的注意力转向我的演讲。

我想要鼓舞人心，我想让人们知道，不管他们经历了什么，只要他们有正确的态度，就能成功。我一次又一次地观看吉米的演讲，想从中寻求灵感。当然，希望并非一种策略，但是它是直面各种挑战的根基。我在考虑传达演讲信息的最佳方式时，想起了休斯敦儿童医院里摆放的一组火车模型。我不知道自己怎么会想到这个，但这对我还是有启发的，所以我就围绕着火车模型精心准备了一场演讲。

小时候我的爱好是参加体育运动，收集棒球球星卡，做飞机、火车模型。一直以来，我都对火车情有独钟。货运列车在自芝加哥至昆西的 CBQ 线上，或者自欧洛拉至埃尔金的西北线上运行，经由巴达维亚，每天三到四趟，火车在经过金属工厂或伐木厂时会放慢速度——偶尔还会停下来。这些火车，在 1871 年芝加哥那场毁灭性的大火之后，成为了巴达维亚的一大产业。当时，人们将石灰石从城外的一个采石场挖出来，运到芝加哥，帮助重建这座城市。尽管每列火车的速度都很慢，你还是能听到引擎的轰鸣声，能感受到从巴达维亚大街路边的沙地开往小学的汽车的隆隆声。20 世纪五六十年代，在伊利诺伊州巴达维亚这样一个不起眼的中西部小镇，火车是小镇人日常生活之余的一种颇受欢迎的消遣对象。

小时候我和最好的朋友，包括约翰·克拉克、汤姆·康威尔以及格雷戈·伊塞尔，把火车当作一种娱乐消遣，用来在晚春或夏天悠长的下午时光里解解闷。有时候，我们把从家里的沙发缝里抠出来的硬币带来，等火车靠近时，就把这些硬币放在铁轨上，好让机车的巨大力量把硬币压成一个光滑平整的 5 美分。这是一门科学，真的。很多时候，还没等火车靠近，汽车的轰隆声就把硬币给震掉了，或者重重的机车把硬币压成一堆乱七八糟的碎片。但偶尔，如果硬币的位置恰到好处，外加火车之神赐下的一点点运气，我们就会得到一枚压得很美观的硬币留作纪念。

但是，火车运送的不仅仅是金属。当我们追着它慢慢跑时，常常会跳进一辆敞篷货车里，然后搭车去附近的采石场游泳，或者搭短短的两英里路程去附近的日内瓦城，又或者，当火车加速离开小镇时，我们就与它一起赛跑。铁轨沿福克斯河平行而建，一天的大部分时间里，铁轨都空闲着，因此我们常互相较量，看看谁能在铁轨上像走平衡木一样走得最远，或者我们就只是沿着静止不动的轨道走到城外去。我们玩的花样可谓五花八门。

像大多数男孩一样，我在楼上自己的卧室里搭了一组火车模型，就放在一个没什么用的乒乓球桌上。我搭的第一组模型主要是莱昂内尔系列车，但随着冷战话题的流行，我的许多车被蓝白色仿造军车取而代之，这些军车上还带有可以手动“发射”、目标总是对准前苏联的火箭，以及按一下按钮就可以“起飞”的直升机。多年来，每逢圣诞节，妈妈和爸爸都会送我一组又一组的火车，而固定在胶合板上的椭圆形轨道也变得越来越长。我可以看着火车绕着短短的轨道一圈又一圈地跑，就好像在期待着它会发生点什么变化，但它永远是老样子。

大约 50 年后，在休斯敦，我再一次被火车迷住了，这次是在儿童医院。在经过了一天漫长的治疗之后，深夜我走在回酒店的路上。我走进儿童医院，静静地站在一旁看着火车模型。那些时刻后来成了我演讲时的主线。

我所有的孩子、史黛西、我的姐姐坎迪、我的岳母以及史黛西的一位哥哥及其家人全都在 7 月 11 日（星期一）晚上飞抵洛杉矶，他们有幸乘坐了由娱乐与体育节目电视网提供的私人飞机。未成年的孩子们登上飞机后瞪大了眼睛，开心极了，看着他们这样，我的内心也无比欢欣。飞机降落后，我就马上赶到位于洛杉矶市区的微软剧院为我的演讲彩排。制作人让我预览了娱乐与体育节目电视网和罗恩·霍华德历时几个月共同制作的 6 分钟视频短片，这让我感动得热泪盈眶。看到儿子小克雷格在镜头前哭泣，看到史黛西坚强地聊我们的“抗癌斗争”，我的心里难过极了，但我还是整理好情绪，做了演讲的彩排，并尽量不依赖提词器。

第二天，我参加了 ESPY 名人高尔夫球精英赛，为癌症病人筹款。当天傍晚，我们和德维恩·韦德及其他明星共同出席了在好莱坞的一家嘻哈酒吧举办的一场演讲前的派对。但老实说，我累了，这几天过得很漫长。晚上 10 点 40 分，我们离开酒吧回到酒店，我又接着熬夜，练习我的演讲。

星期三的下午，南加州，天很热。我们从车里出来，踏上通往剧院的红毯。我们顶着记者们的一个个问题前行，期间我碰上了朋友们——厄尼·约翰逊、查尔斯·巴克利以及NBA总裁亚当·肖华。我们大约花了一个多小时才走完红毯，最后坐到了我们的座位上。

活动开始时，我抓住了史黛西的手。我知道我的演讲安排在活动后期，于是在最初的广告时段，我借机从座位上站起来，走到出口，到了一个大厅。我找到一扇通往停车场的大门，请求保安让我在外面待上几分钟。我走了出去，就在ESPY颁奖礼的中途，独自站在停车场里，把演讲稿练习了三遍，还配合手势和停顿。我决定不使用提词器，并和观众保持眼神交流。

当我回到自己的座位上时，NBA常规赛MVP斯蒂芬·库里正在台上向扎伊文·多布森的家人颁发亚瑟·阿什勇气奖。扎伊文是一名来自田纳西州诺克斯维尔市的15岁男孩，2015年12月因救两个朋友而被枪杀。他的母亲塞诺维娅和两个兄弟扎克、马尔卡斯汀上台时情绪非常激动，而超级明星运动员们也在各自的座位上泪流满面。塞诺维娅激动地、充满激情地强烈呼吁终止枪支暴力事件。当时我也哭了，我是为扎伊文、为他的家人、为所有的孩子，包括我自己的孩子而哭。

在 ESPY 颁奖礼的前一星期，我接到了一位制片人的电话，他告诉我，时任美国副总统的乔·拜登将为我颁发 ESPY 奖。拜登副总统最近发起了“癌症登月计划”，这是一项旨在彻底消除全人类癌症的运动。2015 年 5 月，他自己的长子博因脑癌去世，ESPY 为他提供了一个唤起人们关注癌症的平台。几个月前，在休斯敦的 NCAA 最终四强赛上，副总统曾把我拉到一边，表达对我抗癌的支持，并跟我提起了他正在推行的“癌症登月计划”。

此刻，他登上 ESPY 颁奖舞台，脑海里想着的是博。

我的儿子博和吉米 V 一样从来没有让癌症伤害到他的心，或者说他的灵魂。直到生命的最后，我的儿子博对家人的担心仍超过了他对自己的担心。他的整个一生都恪守着我父亲的生活准则，那就是：永远不要解释，永远不要抱怨，只管埋头往前冲就好。吉米 V 的人生促成了吉米 V 癌症研究基金会的创立，同样地，博·拜登的人生以及他对他人的担忧促成了“癌症登月计划”的启动。众所周知，这是奥巴马总统让我发起的一项彻底消灭癌症的计划。女士们、先生们，这事做起来并不容易，但大有希望，因为我们代表着美国人，我们拥有吉米、博、克雷格·赛格以及无数永不放弃的人。今晚，我们要向克雷格致敬，他是一个勇气十足又忠诚可靠的人，他和吉米、博一样，有一个出色的团队在支持着他，其中有球迷、教练、同事、球员，还有我们这个国家。而最重要的是，他还有史黛西、凯西、克丽斯塔、赖利、瑞安和小克雷格。拥有他的家庭团队，他的家人。克雷格知道，每一天、每一小时、每一刻都弥足珍贵，他用自己的行动教导我们如何让生活充满斗志和激情，那就是要大胆无畏，满怀希望，与他人同心协力。

当这个详细展示我的抗癌历程以及百折不挠精神的短片在微软剧院以及全国播放时，我和史黛西手拉着手并肩坐着。我很担心自己会在演讲过程中情绪崩溃，会因为激动，因为这重大时刻而不能自已。不过，担心随即烟消云散，我把那压力球抓在自己手里，然后看着秒针慢下来。

“给我加油吧！”我这样求她。

“你会做得很棒。”她告诉我。

短片播放完毕，观众们起立鼓掌，我拾阶而上，登上舞台，拥抱了副总统，并对观众们热情友好的掌声表示感谢。

从某种程度上讲，登上舞台这一举动让我觉得既不真实也不舒服。但我站在了这里，我就是那个毕生都在向体育界最知名的人物们发问，对他们说出的每个字眼都揪住不放，时刻准备与他们对话的家伙。我看到了卡里姆·阿卜杜尔·贾巴尔、勒布朗·詹姆斯、佩顿·曼宁和科比·布莱恩特，他们也看着我，静静地注视着我。

首先，谢谢您，副总统先生，感谢您和您的儿子博分享的那些让人倍感亲切的故事以及种种拼搏经历。您一直以来都在不懈地努力，用决心和奉献精神，毕生致力于寻找治愈癌症的方法。我相信在您的努力下，不久的将来，我们一定会消灭癌症。

我要感谢娱乐和体育节目电视网给予我的这一荣誉。吉米 V 那催人奋进的演讲就保存在我的手机里，放在我的病床边，我随时都可以听到，他的演讲一直以来都在不断地鼓励我、激励我抗癌。我的心也与瓦尔瓦诺的家人同在，因为这个荣誉对我来说意义重大。非常感谢你们。

我还要感谢来到现场的我的小家庭和大家庭。你们刚才已经看到了我的家人的照片。首先我要感谢我亲爱的妻子史黛西，她是我的人间天堂。在我人生最黑暗的时刻，她泪流不止，我们互相拥抱，我们一起祈祷。“请不要离开我”，“我们要一起抵抗病魔”，这是她对我的恳求。爱里没有惧怕，你的爱就是我的力量。我的孩子们，凯西、小克雷格、克丽斯塔、赖利、瑞安，我的姐姐坎迪，史黛西的母亲玛丽·乔，我的抗癌斗争也是你们的战斗。

我还要感谢我在特纳体育频道的大家庭。

今晚，他们中的许多人都来到了现场。他们是大卫·列维、莱尼·丹尼尔斯、克雷格·巴里、斯库特·瓦蒂诺、马特·洪、奈特·斯米尔兹。自从我患癌以来，你们给予了我无尽的关爱与支持，你们欣然同意我继续做我钟爱的播音工作，这一点我永远不会忘记。

事实上，特纳这个大家庭只是一个更大的家庭的一部分——你们大家都是体育大家庭的成员。体育代表着灵魂深处的我，体育是我人生的向导，我有幸见证了你们所有人的精彩时刻。我相信，我一定会活着继续观看更多的精彩时刻。

过去的一年半里，大部分的时间我都是在世界上最有影响力的癌症医院——休斯敦MD安德森癌症中心度过的。许许多多个夜晚，我都是到午夜之后才离开医院，然后走同一条路回酒店。那些人行道蜿蜒地穿过一幢幢迷宫般的大楼，其中就包括德州儿童医院。很多时候，我会停下脚步，也会走进去。沿走廊往里走几英尺，就有一个大大的火车模型，放在玻璃罩里。罩子外面有7个按钮，一动按钮，那些火车、马戏团设施、玩具和电车就会动起来。无数个夜晚，我独自一人在孤寂的医院里，按下那些按钮，看着火车消失在隧道里，然后它开足马力，出现在另一边。

我看着火车经过城市广场、恐龙峡谷、海盗湾、圣诞老人乐园以及溜冰场。我坐在那里，看着、听着。我听着马戏表演的声音、孩子们的笑声，还有行进中的火车发出的轧轧声。

我不知道，为什么我对这组火车模型如此着迷，也许因为它代表着我的人生也像这轨道一样，是完整的一圈，也许因为它代表着我们所有人内心里都保存了一份童真，或者它也代表了白血病无法从我生命中夺走的那几分钟时间。

实际上，火车走完完整的一圈需要 2 分 20 秒。但是时间到底是什么呢？当你被诊断患有癌症、白血病这样的绝症时，你对时间的认识就会改变。当医生告诉你，你的生命还剩 3 周时，你是否会努力将 3 周里的分分秒秒都当作一生来过，或者你是否会说，“让那 3 周见鬼去吧！”当医生告诉你，你唯一的生存希望是连续 14 天每天 24 小时的高强度化疗，你是坐等时间流逝，倒数 336 个小时呢，还是把每一天都当作一个祝福呢？时间是买不来的，你不能拿它和上帝打赌。它也不是取之不尽、用之不竭的。时间，就是你要如何度过你的人生。

我既不是研究时间的专家，也不是研究癌症或者人生的专家，我是一个来自伊利诺伊州巴达维亚小镇的普通孩子，看着芝加哥小熊队的比赛长大，把体育变成了自己毕生的工作，虽然我给人一种每天都不像是在踏踏实实工作的感觉。我在潘普洛纳与公牛一起赛跑过，我在印第安纳波利斯和马里奥 · 安德列蒂一起赛过车，我爬过中国的长城，我在堪萨斯玩过高空跳伞，我在佛罗里达跟鳄鱼交过手，我和泰德 · 特纳一起航海，我在加勒比海和鲨鱼一起游泳……

我采访过格雷格·波波维奇——而且是在中场，马刺队落后 7 分的情况下。

要问我从这一切中学到了什么，我的答案是：每一天都是一幅空白的画布，等待着我们去描画，并借此彰显我们的爱、乐趣、生活和学习。

对那些正遭受癌症折磨、身处逆境的人，我希望你们知道，你们的生存意志和抗击癌症的愿望能使世界彻底改观。你的思维方式会影响你的感觉方式，而你的感觉方式决定了你的行为方式。每一位抗癌斗士都要明白，我们还有希望——奇妙的希望，也就是副总统所说的 “癌症登月计划”。我们会找到治愈癌症的方法，但是我们也需要你们的帮助，我们必须继续奉献，我们必须继续战斗，我们必须继续共同奋斗。

感谢我的父母科拉尔和艾尔，他们培养了我积极乐观的生活态度，凡事总是看好的一面。我能看到别人身上的美好之处，也能看到明天的希望。如果我们没有希望和信念，那我们就一无所有。

不管我想象中的绝症可能会对我的精神造成多么糟糕的影响，但是实际上，癌症也带给了我一些好的影响——它唤起了我对生命本身最大的赞赏。所以我永远不会放弃，永远不会屈服，我要继续抗争。生活吸走了我的骨髓，同样地，我也要吸掉生活的骨髓。我要让我的生活充满爱，充满乐趣。这是我心目中唯一的生存之道。

谢谢你们，祝大家晚安。

后记

在MD安德森癌症中心度过了漫长的时间之后，我对医院的看法改变了。这不是一个令你绝望的地方，也不是你在绝望之余的求助之地，而是一个充满希望、创新和诸多可能性的地方。患者们知道他们正在接受世界上最好的治疗，而他们的亲人也知道有人在看护患者。患者们看到了能够挽救生命的临床试验所带来的成果，医生和护士们则始终怀抱乐观态度。当我在亚特兰大和休斯敦的医院走廊上散步时，我目睹了那么多人承受着巨大的痛苦和煎熬，所以我很感恩自己拥有的资源和支持，能够接触到世界上最好的医生和临床试验。

对我的治疗是一次在未知领域里的摸索。我听说很少有病人能做两次骨髓移植手术，更不用说第三次了。此时此刻，是我做完第三次移植手术的两周后，我坚信自己会凯旋。我还听说，能经受住连续14天每天24小时化疗而活下来的人少之又少，而预后只有3～4周，最后却挺了过来的人则更罕见。我很自豪能被计入这样的统计数据。此时此刻，还在埋头写这本书的我头发已经脱落，体重也下降了，但我依然精神矍铄。

我不知道我的人生旅程会将我带向何方，但我知道，每一天都像一幅空白的画布，等待着我去描画。

人们的关爱与祝福源源不断地涌来，而我的抗癌精神似乎也激励着其他人。在过去的几年里，我一直在想，莫非我经历这一切都是为了一个更大的目标？我经受住了三次干细胞移植手术和大剂量化疗，其剂量之大堪比纽约全城的用电量，并且克服千难万险活到今天，这其中必定有某种原因存在。是上帝想让我继续享受我的生活吗？原因不止于此。也许是上帝想让我活着，好给他人以希望，向人们普及癌症知识，让人们的生活欣欣向荣。

我真的相信会有奇迹出现，我要成为一个医学奇迹。积极的态度实际上会对我的身体产生良好影响——彭马拉朱医生也认同这一看法。我也相信，人不能单打独斗，你的身边需要有充满关爱，也和你一样积极乐观的家人和朋友。

我的内心几乎没有留下什么遗憾。但事实上，在写到这里的时候，我深知自己其实不是没有任何遗憾——有一个地方我真的很想再去一趟。几年前，我母亲去世后被火葬了，她之前说希望把自己的骨灰撒到非洲的旷野上。我起先是忙于工作，后来又得了白血病，所以还没能实现她的愿望。妈妈的骨灰至今还存放在我姐姐家，不过我一定会替她实现心愿。

我周游世界，参加一场场盛况空前的体育赛事，在希腊雅典参加了奥林匹克马拉松赛（沿途还停下来喝了几次啤酒）。我曾在瑞格利球场上开了第一个球。我拥有 5 个可爱无比的孩子，有挚爱的妻子，遇到了许许多多很棒的人。尽管听起来很奇怪，不过正是因为生病，我才有机会认识更多的人，并继续保持积极乐观的心态。

这种积极的态度在帮助我实现自我的过程中，起到了非常重要的作用，对此我的内心深处充满了感激之情。

我曾在一次采访中被问及自己的人生哲学是什么，答案其实很简单：享受人生。我们谁也不知道自己的人生旅程何时结束。读者朋友们，当你们读到这一页的时候，可能我的人生旅程已经终结，也可能我还能再活 30 年——但要说我是坚信前者还是后者，这答案你们肯定知道！

在休斯敦时，我躺在病床上，内心却想着我渴望见证，但尚未达到的那些里程碑，比如让无名小卒一举成名的戏剧性终场投篮，比如新晋冠军加冕的盛况，比如仲夏夜的一场简单有序、不影响排名的棒球赛……我想亲眼看到这一切。

我坚信自己一定能看到。我全心全意地相信自己会再次回到 NBA 赛场边，会和史黛西一起相伴到老，会亲眼看着我的孩子们像我一样享受丰富多彩的生活。我不会辜负我的 ESPY 大奖。

哦，还有——在芝加哥小熊队 6 月份的那场比赛上，我的开球怎么样呢？我的球开得又高又远，达到了 60 英尺高、6 英寸远。

致谢

读到这里，我希望读者朋友们能明白我对史黛西无尽的爱和赞赏。她走进我的人生，改变了我的人生，也改变了我，而且是永远地改变了。一直以来，她都是一个妻子、一个母亲、一个最好的朋友、一个守护者、一个组织者，简言之，她是一个天使。和她在一起的每一天都是特别的恩典，正是有她在身边，我才能至今依然享受着生活。

我的 5 个孩子——凯西、小克雷格、克丽斯塔、赖利和瑞安——让我的生活充满了快乐。我为他们的未来祈祷，我知道他们会在未来的人生路上找到幸福和成功。如果让我给他们一些忠告，那么我的忠告是：

如果没有希望，那你就会一无所有。要始终坚信明天会更好，明天、高尔夫球场上的下一个击球、下一场考试、下一场赛跑，都会更好。

规则是为缺乏头脑的人而立。要运用常识，去体验生活带给我们的惊险刺激，去突破自己的能力界限。如果你有头脑，你就不需要靠规则行事。

运气要靠自己去创造。要努力工作，才会将自己置于幸运之地，我能遇到汉克 · 阿伦、“西雅图沼泽”，我的职业生涯中能出现种种机遇，都归因于这一点，这很管用。

不要接受“不行”的答复。要锲而不舍，直至找到化“不行”为“行”的办法，必要时，哪怕破釜沉舟。

化消极为积极。我的一生中面临过很多挑战，也遇到过很多障碍，我让它们统统为我所用——不是因为我的天性使然，而是因为我秉持了正确的态度。

保持自我。如果我担心别人对我好玩的癖性、花花绿绿的服装、所做的选择有微词，那么我就不会是今天的我了。爱你自己，并且要记住，追求与众不同是件好事。

要么忙于生活，要么忙于赴死。等你离开人世后，有的是时间任你休息，所以人生在世，要尽可能多地体验生活，因为你一定不想错过任何一件事。

在过去的几年间，史黛西要是没有她母亲玛丽·乔·斯特雷贝尔的关爱和支持，就不可能陪伴在我的身边。紧急时刻玛丽·乔总是前来相助，长期以来照顾赖利和瑞安，把我们在亚特兰大的家事都安排得井然有序。她是一位非常了不起的女士，我永远感激她。

我的姐姐坎迪·蒙泽莫跟我在一起的时间最长，虽然小时候她可能不太喜欢我这个“捣蛋鬼”弟弟，但在我心目中，她永远是一个出色的姐姐。

我的父母没有带给我一个手足兄弟，不过巴达维亚替他们做到了。约翰·“洪多”·克拉克既是我的发小也是我最好的朋友。洪多和他的妻子卡罗尔，无论是在美好的日子还是在艰难的时刻，都始终陪伴着我。除了史黛西之外，洪多是我在这个世界上最信任的人，他是我最棒的哥们。宝拉·伊塞尔、吉米·罗伯茨以及所有的巴达维亚的那帮伙伴们，都是我人生的一部分，我很感激他们的关爱和支持，还要感谢特里·提姆拉尔、玛格丽特·西里尼以及我在佛罗里达的朋友们。

我要感谢的老同事和老朋友有很多，这里我要特别感谢其中几位。感谢大卫·列维以及特纳的同仁们，30 多年来他们形同我的家人，在过去两年半的时间里，他们更是像家人一样坚定不移地支持我，给了我终生难忘的记忆。感谢厄尼·约翰逊、查尔斯·巴克利、肯尼·史密斯、沙奎尔·奥尼尔、制片人蒂姆·凯利、塔拉·奥古斯特和奥莉维亚·斯佳丽，他们都是无与伦比的好朋友、好同事。谢谢你们。我还要感谢美国广播公司 / 娱乐与体育节目电视网、哥伦比亚广播公司以及全国广播公司，在我的一生中，它们给我提供了种种机会。

在过去的几年里，NBA 篮球圈人们慷慨无私的关爱与支持让我感激涕零。我要感谢亚当·肖华总裁以及联盟办公室、鲍勃·德兰尼和裁判们、教练们、球队的公关总监们、形形色色的球迷们，当然还有球员们，尤其要感谢斯蒂芬·库里、凯文·加内特、德怀特·霍华德、勒布朗·詹姆斯、德维恩·韦德对我本人以及我的抗癌斗争的支持。我很庆幸自己能亲眼见证你们对篮球的高昂激情和你们在球场上的卓越技能。

我还想感谢杰里·科兰吉洛和美国男子篮球队对我的深情厚意。这个夏天，里约热内卢是我在世间最渴望去的地方，看到他们再次捧回金牌，我无比骄傲。感谢迈克·沙舍夫斯基、吉姆·伯海姆、汤姆·锡伯杜以及蒙蒂·威廉姆斯，还有球员卡梅隆·安东尼、哈里森·巴恩斯、吉米·巴特勒、德马库斯·考辛斯、德玛尔·德罗赞、凯文·杜兰特、保罗·乔治、德雷蒙德·格林、凯里·欧文、德安德鲁·乔丹、凯尔·洛瑞以及克莱·汤普森。谢谢你们。

我该怎么感谢那些一次又一次真正地拯救我生命的人呢？仅仅一句“谢谢你们”似乎不足以表达我的感激之情。非常感谢亚特兰大北区医院优秀的医生和护士们，特别是肯特·霍兰德医生，他让我挺过了抗癌之战的第一个年头以及第一次骨髓移植手术。我还和肿瘤科护士安斯莉·沃德成了密友，她不仅教给我日常护理知识，而且她的教法直接、明确，她甚至假装跟我一样喜欢看很久以前的老电视剧。还有珍妮特·本恩，她随时都会在我需要的时候送上一个微笑，或者只是分散一下我的注意力，以帮我排解病痛的折磨。对啦，还要感谢雷佩拉·斯托瓦尔，因为有了她，早上的输血过程变得简单又轻松了！

当我到达 MD 安德森癌症中心的时候，医务人员的医术和济世救人的精神深深打动了我。首先，身居最高层的罗纳德·迪尼奥博士就成为了我的好友兼顾问。其次，任何言语都不足以表达纳文·彭马拉朱医生在我和史黛西心目中的重要地位。他既是我的救世主，也是名副其实的合作伙伴，我真希望每一个与癌症病魔抗争的男士或女士身边都能有彭医生在。恰兹尔巴什医生通过两次干细胞移植手术和大量的化疗来观察我的病情，并挽救或延长了许多人的生命，包括我。护士和后勤人员也都非常优秀，尤其是我在 MD 安德森癌症中心发现的一位名叫玛丽·埃利奥特的护士，她抽取骨髓的技术以及有助于缓解疼痛的按摩技术无人可比。不过，别误会我的意思，我是说，我的身体仍然承受着剧痛，不过至少玛丽帮我缓解了这种痛。

汉克和凯利·库克、山姆和苏珊、迈克·乔尔、鲍勃·比尔兹利，以及所有为“强者赛格”基金会效力的人，你们的工作对我来说意义非凡，更重要的是，你们的付出对那些后来者来说也意义重大。

我还要感谢芝加哥小熊队和娱乐与体育节目电视网，你们让我的一生充满了紧张刺激感。感谢耐克公司的马可·托马斯和林恩·梅里特一直以来对我的关爱与支持。

坦诚地说，写这本书之初，我很犹豫，不知道该写些什么，结果现在它变成了一部让我兴趣盎然的激情之作，也成了我迫切需要分散注意力的东西。我衷心感谢我的儿子小克雷格，他出色的文笔在本书中得以展现，感谢他愿意从家庭成员的角度分享自己的所思所想。当然，我对小克雷格永远感激不尽，因为他两次延长了我的生命。我爱你。

那句俗话“迟到总比不到好”完全适用于我人生之路上遇到的另一位朋友——布莱恩·柯蒂斯。他不仅是一位才华横溢的作家，而且很快成为了我和史黛西的朋友与知己。我希望我们在未来漫长的岁月里，能一直开玩笑、逗趣。

感谢鲍勃·米勒以及弗莱特容图书公司（Flatiron Books）的优秀团队对我以及我这本书的信任。贾丝明·福斯蒂诺、史蒂文·鲍利亚克、马琳娜·比特纳、莉斯·基南、莫莉·丰塞卡、本·托米克、大卫·洛特、艾米莉·沃尔特斯、史蒂文·西格曼和文森特·斯坦利，正是这些出色的合作伙伴使这本书的出版过程如此简单，将这本书送到了读者手中。也感谢我们的代理，大卫·布莱克经销公司的加里·莫里斯，推进了这个项目。

最后，感谢来自世界各地的读者们，你们充满善意的话语、你们的来信以及你们的故事鞭策着我。这世间充满了善意和希望，而我为之惊叹。我坚信，我的孩子们的未来将充满光明。

LIVING OUT LOUD

湖北省版权局著作权合同登记 图字：17-2018-234 号

图书在版编目 (CIP) 数据

活出精彩：一名 NBA 体育记者的非凡人生 / (美) 克雷格・赛格 (Craig Sager) , (美) 小克雷格・赛格 (Craig Sager II) , (美) 布莱恩・柯蒂斯 (Brian Curtis) 著 ; 杜文译 . —武汉 : 华中科技大学出版社 , 2019.1
ISBN 978-7-5680-4644-2

Ⅰ . ①活… Ⅱ . ①克… ②小… ③布… ④杜… Ⅲ . ①克雷格・赛格 – 自传
Ⅳ . ① K837.125.42

中国版本图书馆 CIP 数据核字 (2018) 第 234390 号

活出精彩：一名 NBA 体育记者的非凡人生
Huochu Jingcai：Yi Ming NBA Tiyu Jizhe De Feifan Rensheng

[美] 克雷格・赛格
[美] 小克雷格・赛格 著
[美] 布莱恩・柯蒂斯
杜 文 译

策划编辑：饶 静
责任编辑：肖诗言
封面设计：颜小曼
责任校对：刘 竣
责任监印：朱 玢
出版发行：华中科技大学出版社 (中国・武汉) 电话：(027)81321913
武汉市东湖新技术开发区华工科技园 邮编：430223
录 排：华中科技大学惠友文印中心
印 刷：湖北新华印务有限公司
开 本：880mm × 1230mm 1/32
印 张：9.625
字 数：194 千字
版 次：2019 年 1 月第 1 版第 1 次印刷
定 价：45.00 元

本书若有印装质量问题，请向出版社营销中心调换
全国免费服务热线：400-6679-118 竭诚为您服务